税理士のための
遺言書活用と
遺産分割テクニック

101会【編著】

税理士 山本 和義
加藤 芳樹　桐元 久佳　髙津 拓也　永井 博之
中原 雄一　藤井 敦　宮崎 知行
編集協力 弁護士 荒井 俊且

清文社

は じ め に

　遺言は、今まで仲の良かった者が、相続を巡って骨肉の争いを起こすような悲劇を防止するため、遺言者自らが、自分の残す財産の帰属を定め、相続を巡る争いを防止しようとすることに主たる目的があります。

　遺言のないときは、民法に定める相続人の相続分を基に、共同相続人間で遺産分割の協議をして決める必要があります。

　協議がまとまらない場合には、家庭裁判所で、調停又は審判で解決してもらうことになります。その場合、調停又は審判で遺産分割が決まっても、相続人間における争いなどによって精神的な負担は計り知れないものになることも予想されます。

	遺言書がない場合	遺言書がある場合
権利義務の承継	一切の権利義務を包括的に相続人が承継	被相続人の遺志が優先され、遺産分割協議を経ることなく、指定された者が指定された財産を取得する
相続財産	共同相続人全員の共有財産	
相続財産の取得者	遺産分割協議によって決める	
その他	分割協議が調うまでの間は、①財産自体を処分・換金等できないが、相続分に応じた権利は譲渡できる、②賃料収入などは、相続人が相続分に応じて取得する、ことになる	遺留分の侵害がある場合、遺留分権利者から遺留分の減殺請求を受けることがある

　本書は、遺言書を作成しようとする場合の実務書として役立つように、第1章「遺言書・遺産分割の実務知識」、第2章「10の事例で検証する遺言書作成時に気をつけたい税金の問題」、第3章「状況と要望にあわせた遺言書作成の具体例」にまとめて解説しています。

　執筆者は全員税理士として資産税実務に精通し、遺言書が相続税等の課税に影響を与える部分も少なくないことから、多くの事例を持ち寄って議論し内容を検証してあります。

　本書を参考に、遺産争いを防止することに役立つ遺言書を作成し、その結果、遺産がスムーズに相続人等に承継され、税制上の優遇制度を上手に活用し、より多くの財

産を残すことができれば幸いです。

　なお、文中意見に渡る部分は私見ですので、念のため申し添えます。

　平成30年4月

　　　　　　　　　　　　　　　　　　　101会代表
　　　　　　　　　　　　　　　　　　　税理士　　山本　和義

目次

第1章 遺言書・遺産分割の実務知識

1 遺言の方式 …………………………………………………………………………… 2
2 遺言書の作成 ………………………………………………………………………… 6
3 法定遺言事項（法定事項ではない遺言は法律上の効果はありません） ……… 7
コラム 付言事項の活用 ……………………………………………………………… 8
コラム 宣誓認証制度 ………………………………………………………………… 8
4 特定遺贈と包括遺贈 ………………………………………………………………… 9
5 遺言の必要性が特に強いと思われる場合 ……………………………………… 11
コラム 海外に居住している相続人がいて、被相続人の不動産が国内にある場合 … 12
6 争族防止のための遺言書作成時のポイント10か条 …………………………… 13
7 非上場株式等についての相続税の納税猶予の適用を受けるためには遺言書の作成が必須 ……………………………………………………………………………… 14
8 公正証書遺言を作成する場合に用意する資料 ………………………………… 17
コラム 遺言書作成は、行政書士の独占業務？ …………………………………… 17
9 遺言執行者 ………………………………………………………………………… 18
10 相続人のいない人の場合 ………………………………………………………… 20
11 遺留分と遺言書 …………………………………………………………………… 22
12 未分割遺産から生じる賃料収入の帰属 ………………………………………… 27
コラム 遺言書が残されていた場合の不動産の相続登記 ………………………… 29
コラム 被相続人の登記住所の確認 ………………………………………………… 30
13 「予備的遺言」又は「補充遺贈」について …………………………………… 31

14	遺言書の撤回の方法	32
15	遺言書の検認手続	35
コラム	遺言書の検索	37
16	遺言書と異なる遺産相続	40
17	信託銀行の商品名である「遺言信託」	43
18	遺言書による生命保険金の受取人変更	45
19	秘密証書遺言の活用法	47
20	信託法による遺言	50
コラム	民法（相続関係）等の改正に関する要綱案の概要	52

第2章
10の事例で検証する「遺言書作成時に気をつけたい税金の問題」

事例1	居住用不動産については、妻○○に相続させる	58
事例2	長男△△、妻○○にそれぞれ不動産と現預金を分割して相続させる	64
事例3	前条に記載のない財産については、長男○○に相続させる	67
事例4	妻○○には、法定相続分に相当する遺産を相続させる	71
事例5	長男○○に、すべての財産を相続させる（ただし、長男はその代償として障害者である二男の生活の面倒を生涯みることとする）	73
事例6	○○の宅地は、長男と長女にそれぞれ$\frac{1}{2}$ずつ共有で（又は$\frac{1}{2}$に分割して）相続させる	76
事例7	後継者である長男に、自社株を全株相続させる	82
事例8	自社株を相続人（同族株主）に議決権割合5％以上となるように相続させる	87
事例9	孫へ○○の財産を遺贈する	92

事例10 会社後継者である長男に自社株10,000株を、
二男に5,000株をそれぞれ相続させる ……………………………………… 95

第3章 状況と要望にあわせた遺言書作成の具体例

ケース1 入院中の独身女性が甥へ不動産を残したケース ……………………… 102
ケース2 企業オーナーが資産を孫に残したケース ……………………………… 106
コラム 未成年の孫へ遺贈する場合の遺言書作成のポイント ……………………… 111
ケース3 事業経営の安定化を図るために遺言書を書き直したケース ………… 112
ケース4 一世代先への事業承継のために親子で遺言書を作成したケース …… 115
ケース5 すべての財産を2人の子のうち1人に相続させたケース …………… 118
ケース6 資産家夫婦が金融機関と遺言書を作成したケース …………………… 123
ケース7 付言事項を詳細に記載することで争いを回避したケース …………… 131
ケース8 自筆証書遺言の不足分を追加して公正証書遺言を作成したケース ……… 137
ケース9 介護をしてくれた甥に財産を渡したいケース ………………………… 144
ケース10 氏（苗字）を変えずに特定の人に確実に財産を渡したいケース ……… 148
ケース11 公正証書遺言の記載事項に間違いがあったケース …………………… 152
ケース12 遺言書の内容が不十分で相続人がもめてしまったケース …………… 155
ケース13 前妻の子への遺留分対策を考慮して遺言書を作成したケース ……… 159
ケース14 事業承継の必要性を感じているが後継者を決めかねているケース ……… 163

本書の内容は平成30年5月1日現在の法令等に基づいています。

ブックデザイン：東 雅之

第1章

遺言書・遺産分割の実務知識

1 遺言の方式

　民法では、普通方式遺言3種類と、特別方式遺言4種類を定めています。
　普通方式遺言は、自筆証書遺言、公正証書遺言、及び秘密証書遺言の3種類です。原則として、この普通方式遺言3種類の中から選択して遺言書を作成します。ただし、生命の危機が迫るような緊急時のために、特別方式遺言も規定されています。特別方式遺言は、死亡危急者遺言、船舶遭難者遺言、伝染病隔離者遺言及び在船者遺言の4種類です。

遺言の方式	普通方式		自筆証書遺言	民法第968条
			公正証書遺言	民法第969条
			秘密証書遺言	民法第970条
	特別方式	危急時遺言	死亡危急者遺言	民法第976条
			船舶遭難者遺言	民法第979条
		隔絶地遺言	伝染病隔離者遺言	民法第977条、980条
			在船者遺言	民法第978条、980条

(1) 普通方式による遺言書

　普通方式による遺言書には、「自筆証書遺言」、「公正証書遺言」、「秘密証書遺言」の3つの方式があります。それぞれの作成方法、長所及び短所などについては、以下の表のとおりです。そのうち、相続対策で作成する遺言書については、遺言書の有効性について疑義の入る余地の少ない「公正証書遺言」によることをお勧めします。

自筆証書遺言 （民法968）	作成方法	① 遺言者が必ず遺言の全文・日付・氏名を自署し、押印します。 ② 証人や立会人は要りません（遺言者が単独で作成できます）。	
		長　所	短　所
		① いつでもどこでも作成でき、遺言書作成に伴う証人は不要で、費用もかかりません。 ② 遺言の内容についても、遺言書の作成についても秘密が保持できます。	① 紛失や改ざんの心配があります。 ② 文字を書ける人に限られます。 ③ 方式不備、内容不備による無効の可能性があります。
	備考	① 加除訂正の方法に十分注意する必要があります。 ② 遺言書の保管方法に注意する必要があります。 ③ 死後に家庭裁判所での検認手続が必要です。	
公正証書遺言 （民法969）	作成方法	① ２人以上の証人の立会いが必要です。 ② 遺言者が口述し、公証人が筆記します。 ③ 公証人が遺言者及び証人に読み聞かせます。 ④ 遺言者及び証人が筆記の正確なことを承認して、各自署名押印します。 ⑤ 公証人が方式が適正であることを付記して署名押印します。	
		長　所	短　所
		① 紛失や改ざんの心配がありません。 ② 遺言内容について争いが生じたり、遺言が無効とされることが少なくなります。 ③ 文字を書けない人でもできます。	① 遺言書作成に伴い証人２人以上が必要で、公証人に対する費用がかかります。 ② 手続きが面倒で手間がかかります。 ③ 遺言の内容は秘密にできません。
	備考	① 死後の検認手続は必要ありません。 ② 証人欠格に注意することが必要です。 ③ 遺言検索システムによる検索ができます。 ※ 聴覚又は言語機能に障害がある者が手話通訳又は筆談により公正証書遺言をすることができます。	

秘密証書遺言 (民法970)	作成方法	① 遺言者が自身で又は他者に代筆を依頼し、遺言書を作成します。（署名・捺印以外はパソコン等利用可） ② 遺言者が遺言書に署名し、押印します。 ③ 遺言者が遺言書を封じ、同じ印章で封印をします。 ④ 遺言者が公証人及び2人以上の証人の前に封書を提出し、自分の遺言書である旨及び筆記者の氏名・住所を申し述べます。 ⑤ 公証人が日付と遺言者の申述を封書に記載し、遺言者、証人とともに署名押印します。	
		長　　所	短　　所
		① 遺言の内容を秘密にし、その存在のみを明らかにできます。 ② 改ざんの心配がありません。 ③ 署名押印さえできれば、他の文字が書けない人でもできます。 ④ 公正証書遺言と比べて費用が安く、一律11,000円とされています。	① 遺言書作成に伴い証人2人以上が必要で、公証人に対する費用がかかります。 ② 紛失の恐れがあります。 ③ 方式、内容に不備があると無効や争いになる可能性があります。
	備　考	① 加除訂正の方法に十分注意する必要があります。 ② 検認手続が必要です。 ③ 証人欠格に注意する必要があります。 ※ 言語機能に障害がある者が手話通訳により秘密証書遺言をすることができます。 ※ 遺言書に捺印した印鑑と同様の--印鑑、遺言書を入れる封筒を用意します。	

※ 公正証書遺言及び秘密証書遺言を作成する場合の証人については、以下の者は証人になることはできません。
① 未成年者
② 推定相続人・受遺者並びにこれらの者の配偶者及び直系血族
③ 公証人の配偶者・4親等内の親族、書記及び使用人
　なお、遺言書が証人を探すことができない場合には、公証役場で紹介してもらえます（有料）。

(2) 特別方式による遺言書

　特別方式の遺言には、以下の4つの方式があります。なお、特別方式の遺言は、遺言者が普通方式による遺言をすることができるようになった時から6か月生存するとき効力を失います（民法983）。

遺言の方式	概　要
死亡危急者遺言 （民法976）	疾病等により死亡の危急が迫った者が、証人3人以上の前で遺言の趣旨を口授、証人が筆記するなど一定の要件を備えたもの。遺言の日から20日以内に家庭裁判所に請求しその確認を得なければ効力を失う。
船舶遭難者遺言 （民法979）	遭難した船舶中に在って死亡の危急が迫った者が、証人2人以上の立会いをもって口頭で行ったもの。遅滞なく家庭裁判所に請求しその確認を得なければ効力を失う。
伝染病隔離者遺言 （民法977）	伝染病のため行政処分によって交通を断たれた場所に在る者が、警察官1人及び証人1人以上の立会いをもって作成したもの。
在船者遺言 （民法978）	船舶中にある者が、船長又は事務員1人及び証人2人以上の立会いをもって作成したもの。

2 遺言書の作成

　遺言者は、遺言するときにおいてその能力を有しなければなりません。遺言をする能力とは、満15歳以上である者で、自分の行った行為の結果を判断し得る精神能力（意思能力）を有し、自分が1人で契約などの有効な法律行為ができる能力をいいます。

　遺言ができる年齢については、未成年者（満20歳未満）であっても満15歳になれば、遺言能力があるとされています（民法961条）ので判断に迷うことはありませんが、重い病気などで意識が朦朧としている状態の人や、軽度の認知症を患っていたけれど、一時的に意識がはっきりとしていた人などが残した遺言書については、本当に有効なのかどうか問題になることがあります。

　法律上では精神上の障害により事理を弁識する能力を欠いていた者が、その能力を一時的に回復した時には遺言できるとしていますので、このような特別な状況のときに遺言書を作成するときには、医師2人以上の立会いを求めて遺言ができる状態であったことを証明してもらわなければなりません。

3 法定遺言事項
法定事項ではない遺言は法律上の効果はありません

　遺言は、原則的には遺言者の死亡により効力を生じ、また、相続人等の利害関係者に影響を及ぼす行為であるため、遺言をすることができる行為が法律で定められています。よって、法律で定められた事項以外のことを遺言書に記載しても、その遺言は法律上の効果はありません。法律で定められた事項は、身分に関する遺言事項、相続に関する遺言事項、遺産に関する遺言事項、遺言執行に関する遺言事項の大きく4種類に分けられます。

　「私の死んだ後もお互いに助け合って家族仲良く暮らすように」といったものは、遺言ではありますが、法的効力を生じることはありません。

【身分に関する遺言事項】
① 認知（民法781条）
② 未成年後見人、後見監督人の指定（民法839条、848条）など

【相続に関する遺言事項】
① 推定相続人の廃除とその取消し（民法893条、894条）
② 相続分の指定、指定の委託（民法902条）
③ 特別受益の持戻しの免除（民法903条3項）
④ 遺産分割方法の指定、指定の委託、遺産分割の禁止（民法908条）など

【遺産に関する遺言事項】
① 遺贈（民法964条）
② 遺贈の減殺の割合の定め（民法1034条）など
③ 信託の設定（信託法3条2号）

【遺言執行に関する遺言事項】
① 遺言執行者の指定（民法1006条）
② 遺言執行者の復任権（民法1016条）
③ 遺言執行者の報酬（民法1018条）など

【その他の遺言事項】
① 祖先の祭祀主宰者の指定（民法897条）
② 遺言の撤回（民法1022条）など

※認知・推定相続人の廃除とその取り消し、財産の処分（遺贈および寄附行為など）などの事項は、遺言によっても生前に行っても、どちらでも法律的効力をもっています。

コラム　付言事項の活用

　付言事項は、法的な効力を有しないものの、遺言者の真意を伝えたり、希望を書くことができます。例えば、財産の大半を長男に相続させる遺言を作成したとき、遺留分を侵害された二男に対して、なぜそのような遺言書を作成したのかを書き、遺された兄弟間の心情的なあつれきを少しでも防止できるように配慮したりすることもできます。

　他にも、亡き後の処理の仕方、葬儀の方法や献体の希望を書いたり、親族の融和や家業の発展を祈念する旨など様々な希望を書いたりもできます。

　しかしながら、付言された事項に法的な効力はありませんから、それを守るかどうかは相続人次第です。相続人には、遺言者の最後の意思を表明したものですから付言事項を尊重してもらい、結果として付言された内容が実現されることを望むほかありません。

　それでも、事後の争いを少しでも防止する意味からも、遺言者の真意をはっきりと相続人に伝えることは重要なことのように思います。

　なお、付言内容が長文になる場合には、遺言書に付言事項として記載する代わりに「宣誓認証」という方法もあります。

コラム　宣誓認証制度

　宣誓認証制度は、公証人が私署証書（作成者の署名、署名押印又は記名押印のある私文書のこと）に認証を与える場合において、当事者がその面前で証書の記載が真実であることを宣誓した上、証書に署名もしくは押印し、又は証書の署名もしくは押印を自認したときは、その旨を記載して認証する制度です。宣誓認証を受けた文書を宣誓供述書といいます。

　宣誓認証制度を相続関連で利用する事例としては、①推定相続人の廃除の遺言をした場合に、遺言者が廃除の具体的な理由を宣誓供述書に残しておくことや、②特別受益の有無を明確にしておくことなどが考えられます。

　宣誓認証の対象となる文章は、宣誓は、証書の記載が真実であることを誓うものですから、認証を与える私署証書は、過去の事実を記載した内容のものが一般的です。

　手続きの特徴としては、一般の私署証書と違い、宣誓認証は、公証人の面前で宣誓することが要件となっているため、代理人による嘱託は認められません。

特定遺贈と包括遺贈

　遺言によって無償で財産を他人に残すことを遺贈といい、遺贈によって財産を受ける者を受遺者といいます。また、遺贈は、相続財産を特定することなく、その全部又は割合的な一部を特定の者に贈与することができ、これを包括遺贈といいます。具体的には、「遺言者は全財産の$\frac{1}{3}$を長男Aの子○○に遺贈する」というように、全財産に対する割合を示して遺贈することです。

　「包括受遺者」とは、このように遺言者の財産の全部又は割合的な一部の包括遺贈を受ける者のことをいいます。包括受遺者は、他に相続人や他の包括受遺者がいる場合には、それらの者と同一の権利義務を有し、共同相続することになります。

　一方、特定遺贈とは、遺贈する財産を具体的に特定し遺贈する方法です。例えば、「A銀行の預金全部を遺贈する」とか「甲土地の$\frac{1}{3}$を遺贈する」といったように、特定の不動産や金銭財産について、全部又は割合を示して遺贈することです。特定遺贈によって財産を取得する者のことを「特定受遺者」といいます。

一部包括遺贈と特定遺贈による遺言書の例

　妻に全財産の$\frac{1}{2}$を相続させる。残余の財産のうち、土地及び建物は長男に、現預金及びその他の財産については長女に相続させる。

→　以上の場合、妻は「包括受遺者」、長男及び長女は「特定受遺者」とされます。

　相続税の申告において、債務などを差し引くことのできる人は、次の①又は②に掲げる者で、その債務などを負担することになる相続人や包括受遺者（相続時精算課税の適用を受ける贈与により財産をもらった人を含みます。）です。
① 相続や遺贈で財産を取得した時に日本国内に住所がある人（一時居住者で、かつ、被相続人が一時居住被相続人又は非居住被相続人である場合を除きます。）
② 相続や遺贈で財産を取得した時に日本国内に住所がない人で、次のいずれかに当てはまる人
　イ　日本国籍を有しており、かつ、その人が相続開始前10年以内に日本国内に住所を有

していたことがある人
- ロ　日本国籍を有しており、かつ、相続開始前10年以内に日本国内に住所を有していたことがない人（被相続人が、一時居住被相続人又は非居住被相続人である場合を除きます。）
- ハ　日本国籍を有していない人（被相続人が、一時居住被相続人、非居住被相続人又は非居住外国人である場合を除きます。）。

　特定遺贈は包括遺贈とは違い、特に遺言で指定をされていなければ遺贈者の借金などのマイナス財産を引き継ぐことはありません。そのため、相続人や包括受遺者以外の者に対して、負担付遺贈（例：土地建物を遺贈する代わりにローンを返済してください）を行う場合には、土地建物の相続税評価額からローンの額を差し引いた金額が土地建物の課税価格となります。しかし、本来の「債務控除」はできないため、あくまで特定受遺者が取得した財産の評価額を限度に、遺贈のあった時において確実と認められる負担額しか控除できない点に注意が必要です。

> **（負担付遺贈があった場合の課税価格の計算）**
> **相続税基本通達 11の2－7**　負担付遺贈により取得した財産の価額は、負担がないものとした場合における当該財産の価額から当該負担額（当該遺贈のあった時において確実と認められる金額に限る。）を控除した価額によるものとする。

◆設例

　不動産とその他の財産及び不動産に係る債務（確実と認められる金額）を合わせて遺贈する場合には、遺贈する財産額を超える債務については、なかったものとされる。

5　遺言の必要性が特に強いと思われる場合

　一般的にいえば、ほとんどの場合において、遺言者が、自分のおかれた状況や家族関係をよく頭に入れて、それにふさわしい形で財産を承継させるように遺言をしておくことが、遺産争いを予防するため、また、後に残された者が困らないために、必要なことであるといってよいと思います。さらに下記のような場合には、遺言をしておく必要性がとりわけ強く認められるといえましょう。

① 子がなく、配偶者と兄弟姉妹が相続人となる場合（兄弟姉妹には遺留分が認められていないので、遺言書どおり相続させることができる）
② 先妻の子と後妻（子がいる場合を含む）がいる
③ 子の中で特別に財産を多く与えたい者がいる、又は財産を与えたくない子がいる
④ 相続人が国外に居住していて、国内に不動産を所有し国内に居住する相続人に相続させたい（相続による移転登記がスムーズに行える）
⑤ 相続権のない孫や子の嫁ごとに別々に遺産を与えたい
⑥ 会社オーナーであるので後継者へ自社株を確実に相続させたい
⑦ 内縁の妻や認知した子がいる
⑧ 生前世話になった第三者に財産の一部を渡したい
⑨ 財産を公益事業に寄附したい
⑩ 銀行借入金等で賃貸住宅等を建築し、賃貸料で借入金の返済をしている場合（遺言書が残されていないと賃料収入は、遺産分割協議が調うまでの間、相続人の法定相続分によってそれぞれに帰属することになる）

コラム　海外に居住している相続人がいて、被相続人の不動産が国内にある場合

　遺言書が残されていない場合には、遺産分割協議によって相続手続が進められます。被相続人の不動産を、遺産分割協議書を用いて相続人へ相続登記をしようとする場合には、相続人が遺産分割協議書に署名と実印を押印し、かつ、印鑑証明書の添付が必要とされています。しかし、海外に居住している大半の相続人は、印鑑証明書を添付することができません。

　この場合、海外にいる相続人は、印鑑証明書の代わりに、日本領事館等の在外公館に出向いて、領事の面前で遺産分割協議書に署名（サイン）を行い、遺産分割協議書に相続人が署名した旨の証明（サイン証明）をもらい、このサイン証明を遺産分割協議書に添付することで対応します。

　また、不動産の登記申請に必要とされる住民票の代わりに、住所を証明する書類として「在留証明書」を添付します。この在留証明書は、現地の日本領事館にパスポートや運転免許証といった現住所にいつから居住しているのかを証明できる書類を提示することによって申請・取得することができます。

　以上のことから、遺言書が残されていて遺言執行者が指定されていれば、遺言執行者は相続財産の管理その他遺言の執行に必要な一切の行為をする権利義務を有しますので、海外に居住している相続人の面倒な手続きが省略できます。

6 争族防止のための遺言書作成時のポイント10か条

遺言書を作成する場合、争いに発展しないよう留意して作成する必要があります。遺産争いに発展しない遺言書の作成のポイントを以下に掲げます。

① 特定遺贈により作成し、すべての財産について遺言する
　（複数人に割合的に財産を相続させる遺言はできれば避ける）
② 分割困難な不動産や支配権に影響する自社株は、相続後に利害が対立することがないように付言事項なども記載した遺言にする
③ 未登記の不動産等について遺言書に記載漏れのないように注意する
④ 遺言書を書き換える場合には、従前の遺言書を撤回する旨を記載し、あらためてすべての遺産について遺言する
⑤ 受遺者が遺贈の効力発生前に死亡した時に備えて、前記財産を誰に遺贈するかを記載しておく（これを予備的遺贈又は補充遺贈といいます）
⑥ 遺言執行者を定めておき、預金の解約権限や解約金の受領権限、貸金庫の開扉権限などを付与しておく
⑦ 推定相続人に対して遺言する場合には、「相続させる」と記載する
⑧ 「財産」に関する遺言だけでなく、「お墓や祖先の供養」及び「父母の扶養介護」についても遺言しておく
⑨ 安全確実な公正証書による遺言書作成が望ましい
⑩ 遺留分に配慮した遺言書を作成することが望ましい

7 非上場株式等についての相続税の納税猶予の適用を受けるためには遺言書の作成が必須

　非上場株式等についての相続税の納税猶予の適用を受けようとする場合における「経営承継相続人等」の主な要件は以下のとおりです。

イ　相続開始の直前に役員であったこと（被相続人が60歳未満で死亡した場合等を除きます。）

ロ　相続開始の日の翌日から５か月を経過する日において会社の代表権（制限が加えられた代表権を除きます。）を有していたこと

ハ　相続人及び相続人と特別の関係がある者（相続人の親族など一定の者）で総議決権数の50％超の議決権数を保有し、かつ、これらの者の中で最も多くの議決権数を保有することとなること

ニ　相続税の申告期限まで特例の適用を受ける非上場株式等のすべてを保有していること

　また、相続開始の日の翌日から８か月を経過する日が、都道府県知事への認定の申請期限とされています。その際、認定申請書に添付する資料には、分割協議に関する書類（遺産分割協議書又は遺言書）が必要とされています。
　そこで、非上場株式等が相続人間で分割協議が調わなかったときには、以下のような問題が生じます。
　未分割遺産である株式は準共有状態にあるため、会社法106条により、株式についての権利を行使するためには、権利を行使する者を１人定め、その氏名をその会社に通知することが必要で、これをしなければ、その会社がその権利を行使することに同意した場合を除き、その株式の権利を行使することができません。そのため、相続税の納税猶予の適用を受けるために以下のような登記及び認定申請に影響が生じる可能性が考えられ、最悪のケースでは相続税の納税猶予の適用を受けることができなくなります。

---

① 後継者が５か月以内に代表者に就任　→　役員変更登記に支障がでる
② ８か月以内に都道府県知事に認定申請　→　分割協議書を添付できない

　また、以下のような設例の場合、被相続人が考える後継者以外の者が経営権を握ることになるかもしれません。

第1章●遺言書・遺産分割の実務知識

◆設例

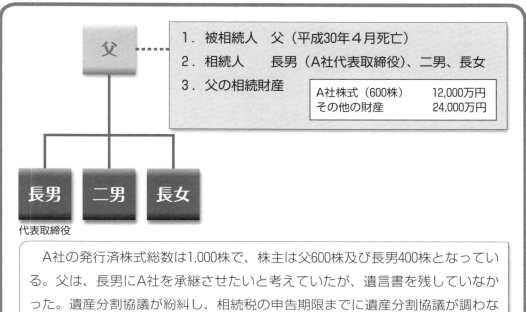

1. 被相続人　父（平成30年4月死亡）
2. 相続人　長男（A社代表取締役）、二男、長女
3. 父の相続財産
   A社株式（600株）　12,000万円
   その他の財産　　　24,000万円

　A社の発行済株式総数は1,000株で、株主は父600株及び長男400株となっている。父は、長男にA社を承継させたいと考えていたが、遺言書を残していなかった。遺産分割協議が紛糾し、相続税の申告期限までに遺産分割協議が調わなかったため、相続税の納税猶予の適用を受けることができなかった。
（分割協議が調って相続税の納税猶予の適用を受けることができる場合には、A社株式は長男が相続し、その他の財産は長男・二男及び長女がそれぞれ$\frac{1}{3}$ずつ相続するものと仮定する。）

◆相続税の計算

(単位：万円)

	分割協議が調わなかった場合			分割協議が調って納税猶予の適用を受ける場合		
	長男	二男	長女	長男	二男	長女
A社株式	4,000	4,000	4,000	12,000	—	—
その他の財産	8,000	8,000	8,000	8,000	8,000	8,000
課税価格	12,000	12,000	12,000	20,000	8,000	8,000
相続税の総額	7,380			7,380		
各人の算出税額	2,460	2,460	2,460	4,100	1,640	1,640
株式等納税猶予税額	—	—	—	(注) △2,083	—	—
納付税額	2,460	2,460	2,460	2,017	1,640	1,640

（注）　納税猶予税額は、長男がA社株式のみを相続するものとして計算した場合の相続税が猶予税額とされます。
　　　（12,000万円＋8,000万円＋8,000万円）－4,800万円＝23,200万円（課税遺産総額）
　　　→　4,860万円（相続税の総額）
　　　長男の相続税（納税猶予税額）4,860万円×（12,000万円÷28,000万円）＝2,083万円

◆議決権の行使について

　未分割の株式600株の議決権の行使について、相続人の3人がそれぞれ$\frac{1}{3}$ずつ持分を有していることから、未分割のA社株式600株についてこの3人のうち2人が合意すれば、過半数をもって議決権を行使する者を選任することができます（平成9年1月28日最高裁判決）。そのため、二男及び長女が合意してA社株式の議決権を行使する者を二男と定め、A社に通知すれば、二男が600株の議決権を行使することができます。その結果、長男が有する議決権数を上回ることになり、二男又は長女が会社の経営権を握ることができます。

　また、「会社法106条ただし書きは、準共有状態にある株式の準共有者間において議決権の行使に関する協議が行われ、意思統一が図られている場合にのみ、権利行使者の指定及び通知の手続きを欠いていても、会社の同意を要件として権利行使を認めたものと解するのが相当であるところ、準共有者間において準共有株式の議決権行使について何ら協議が行われておらず、意思統一も図られていない場合には、会社の同意があっても、準共有者の1名が代理人によって準共有株式について議決権の行使をすることはできず、準共有株式による議決権の行使は不適法と解すべきである。」（平成24年11月28日東京高裁判決要旨）とする判決にも留意しておかなければなりません。

　以上のことから、父が長男へ事業を承継させたいと考える場合には、生前贈与によってA社株式の過半数を贈与しておくか、遺言書によって長男がA社株式を相続することができるようにしておかなければなりません。また、そうすることで、非上場株式等についての納税猶予の適用を受けることができ、スムーズな事業承継に役立ちます。

（平成9年1月28日最高裁判決要旨）

　持分の準共有者間において権利行使者を定めるに当たっては、持分の価格に従いその過半数をもってこれを決することができるものと解するのが相当である。ただし、準共有者の全員が一致しなければ権利行使者を指定することができないとすると、準共有者のうちの一人でも反対すれば全員の社員権の行使が不可能となるのみならず、会社の運営にも支障を来すおそれがあり、会社の事務処理の便宜を考慮して設けられた規定の趣旨にも反する結果となるからである。

（共有者による権利の行使）

会社法第106条　株式が二以上の者の共有に属するときは、共有者は、当該株式についての権利を行使する者一人を定め、株式会社に対し、その者の氏名又は名称を通知しなければ、当該株式についての権利を行使することができない。ただし、株式会社が当該権利を行使することに同意した場合は、この限りでない。

8　公正証書遺言を作成する場合に用意する資料

　公正証書遺言の作成を依頼する場合には、最低限以下の資料が必要です。なお、事案に応じて他にも資料が必要となる場合もありますが、詳細については、事前に最寄りの公証役場に確認してください。

① 遺言者本人の本人確認資料（印鑑登録証明書と実印、運転免許証、マイナンバーカード等顔写真入りの公的機関の発行した証明書のいずれか1つ）
② 遺言者と相続人との続柄が分かる戸籍謄本
③ 財産を相続人以外の人に遺贈する場合には、その人の住民票（法人の場合には資格証明書）
④ 財産の中に不動産がある場合には、固定資産評価証明書又は固定資産税・都市計画税の課税明細書（必要に応じて登記事項証明書も求められることがあります）
⑤ なお、公正証書遺言をする場合には、証人2人以上が必要ですので、証人予定者の名前、住所、生年月日及び職業をメモしたものが必要です
⑥ 遺言執行者の住所・職業・氏名・生年月日
⑦ 遺言内容を記載したもの

コラム　遺言書作成は、行政書士の独占業務？

　行政書士は、すべての遺言書作成の支援（「公正証書遺言」では証人等、「秘密証書遺言」ではその作成等を含む）を行います。

　また、遺産相続においては、法的紛争段階にある事案や、税務・登記申請業務に関するものを除き、遺産分割協議書※や相続人関係説明図等の書類作成を中心に、その前提となる諸々の調査も含め、行政書士が本来の業務として行っています。

※　遺産の調査と相続人の確定後に相続人間で行われた遺産分割協議で取り決めた内容を書面にしたもの。

9 遺言執行者

(1) 遺言執行者とは

　遺言執行者とは、遺言者が死亡し、遺言の効力が生じた後に遺言書に書かれている内容をそのとおり実現する者のことです。そのため、遺言執行者は、遺言者の遺志を正しく理解し、公平な執行を行わなければならないことから、誠実で信頼できる人物であることが望ましいと考えられます。遺言執行者は、まず遺言書で指定された者がなりますが、遺言書に遺言執行者の指定がなければ、家庭裁判所により選任された者がなります。そのため、手数と時間がかかって、遺言内容をスムーズに執行することができなくなることも考えられます。遺言によって遺産をもらう人（相続人又は受遺者）を遺言執行者とすることもできますが、未成年者や被後見人などは遺言執行者となることはできません。弁護士や信託銀行を遺言執行者に指定する事例も少なくありませんが、執行報酬が相当多額になると予想されますので、遺産争いが生じないと考えられる場合には、相続人の中から遺言執行者を選任することもひとつの選択肢と思われます。

　遺言執行者は、遺言者が死亡し、遺言の効力が生じた後に遺言書に書かれている内容をそのとおり執行するに必要な一切の権限義務を有しています。例えば、①相続財産の管理や処分権、②認知では戸籍の届出をすること、③相続人廃除の遺言では、家庭裁判所に対してその旨の請求をする、④不動産を遺贈すると記載されている場合には不動産の登記を行うことなどが仕事となります。したがって、預貯金等、遺言執行者の定めがあれば相続手続には相続人の協力は必要がなく、相続人もその執行を妨げることはできません。

　ただし、遺言執行者は正当な理由があれば家庭裁判所の許可を得て辞任することができます。また、任務を怠れば利害関係人の請求によって解任されます。

(2) 相続人以外の者に不動産を遺贈する場合には、遺言執行者を定めておく

　相続人以外の者（例えば、子の嫁や孫）に相続させようと考える場合は、遺言書には「遺贈」すると書きます。この場合、その財産が不動産であるときは、受遺者単独で不動産の相続登記をすることができません。遺言執行者が指定されていればその者が行い、遺言執行者の指定がされていなければ、相続人全員の協力（印鑑証明書の添付）が必要となります。さらに、「遺贈する」形式の遺言の場合には登記済権利書又は登記識別情報も必要と

なります。

(3) 税理士法人が遺言執行者に就任することができるか

　民法では、原則として個人・法人いずれも成年後見人又は遺言執行者に就任することが可能ですが、税理士法では税理士法人の業務範囲を定めており、当該業務範囲にこれらの業務のすべてが含まれていないことから、税理士法人は成年後見人及び遺言執行者に就任することはできません。

　民法1006条では、遺言執行者の資格は特に定められておらず、欠格事由（民法1009条）に該当しない者であれば、原則的に法人を含め誰でも就任することが可能です。

　しかし、遺言執行者の職務は、遺言による認知や推定相続人の廃除等、多岐に渡り、明らかに税理士法人の業務でないものも含まれています。よって、税理士法人は、遺言執行者に就任することはできません。

10 相続人のいない人の場合

(1) 遺言書で全部の包括遺贈がある場合

　民法951条（相続財産法人の成立）の規定は、相続財産の帰属すべき者が明らかでない場合におけるその相続財産の管理、清算等の方法を定めたものです。包括受遺者は、相続人と同一の権利義務を有し（民法990条）、遺言者の死亡の時から原則として被相続人の財産に属した一切の権利義務を承継するものであって、相続財産全部の包括受遺者が存在する場合には相続財産法人による諸手続を行わせる必要がないという理由から、遺言者に相続人が存在しない場合でも相続財産全部の包括受遺者が存在する場合は、民法951条にいう「相続人のあることが明らかでないとき」に当たらないものと考えられます（最高裁：平成9年9月12日判決）。

(2) 遺言書が残されていたが、相続財産の一部についてだけ遺贈するとしてある場合

　受遺者は家庭裁判所に相続財産管理人の選任の申立てを行い、相続財産管理人の選任が行われたら、一部包括遺贈又は特定遺贈の場合には、遺言書に指定のある財産はその受遺者が遺贈によって取得することができます。
　しかし、遺言書に指定のない財産は相続財産法人に帰属し、手続きを経て特別縁故者への財産分与又は国庫に帰属することになります。

(3) 相続人がいない場合の遺言書における遺言執行者指定の有無による相続手続の差異

① 遺言執行者の指定がある場合

　全部包括遺贈による場合には、遺言執行者によって相続財産を遺贈によって取得することとなります。
　一部包括遺贈又は特定遺贈の場合には、相続財産管理人の選任を、受遺者等が家庭裁判所に申立て、相続財産管理人が選任されたら、遺言書に基づき指定された財産を受遺者が遺贈によって取得することとなります。

相続人が不存在で相続財産管理人が選任された場合において、被相続人（遺言者）が一部の財産だけを遺言によって処分していたときは、遺言執行者の職務と相続財産管理人の職務が競合することになります。このような場合において、裁判例は、相続財産管理人の権限は遺言執行者の権限に優越する（東京家裁昭和47年4月19日審判）と解していますので、遺贈された財産も含めて相続財産全体の管理、処分は相続財産管理人においてなすべきものと考えられます。

② **遺言執行者の指定がない場合**
　残された遺言書が全部包括遺贈の場合には、遺言執行者が選任されると、遺言執行者によって、受遺者は財産を相続することとなります。しかし、遺言によって遺言を執行する者が指定されていないとき又は遺言執行者が亡くなったときは、遺言者の最後の住所地の家庭裁判所に対して、利害関係人（相続人、遺言者の債権者、遺贈を受けた者など）の申立てにより、遺言執行者を選任することを求めます。
　申立てに必要な標準的な申立添付書類としては、以下のようなものです。

- 申立書（家庭裁判所が用意している書式を利用する）
- 遺言者の死亡の記載のある戸籍（除籍、改製原戸籍）謄本（全部事項証明書）
- 遺言執行者候補者の住民票又は戸籍附票
- 遺言書写し又は遺言書の検認調書謄本の写し
- 利害関係を証する資料（親族の場合、戸籍謄本（全部事項証明書）等）

11 遺留分と遺言書

(1) 遺留分制度の概要

　遺言書は遺言者が自由に書くことができますが、民法は、兄弟姉妹以外の相続人に最低限度の相続分として、遺留分制度を設けています。

　遺留分とは、被相続人の一定の近親者のために法律上留保しなければならない相続財産のうち一定の割合のことをいいます。この遺留分を侵害した贈与や遺贈などの無償の処分は、法律上当然に無効となるわけではありませんが、遺留分権利者が減殺請求を行った場合に、その遺留分を侵害する限度で効力を失うことになります。

　私有財産制社会では、自らの財産を生前や死後においても自由に処分できるのが建て前ですが、これを無条件に認めることとなると、配偶者や子など遺族の生活保障や、相続人による被相続人の財産形成への有形無形の寄与が全く考慮されないこととなります。遺留分制度は被相続人、相続人両者の利益を調整しようとするものです。

　遺留分の割合は以下のようになっています。

① 総体的遺留分の割合

法定相続人	遺留分
配偶者と子（直系卑属）	被相続人の財産の $\frac{1}{2}$
配偶者と親（直系尊属）	
配偶者のみ	
子（直系卑属）のみ	
親（直系尊属）のみ	被相続人の財産の $\frac{1}{3}$
兄弟姉妹	遺留分の権利はありません

② 個別的遺留分の割合

　遺留分権者が複数いるときは、上記の全体としての遺留分の割合に、個々の相続人の法定相続分を乗じたものがその相続人の遺留分の割合になります。

◆算式

◆ 遺留分権利者が配偶者や子などである場合の遺留分の計算の図表

（注１）相続開始前１年前の日より前にした贈与でも、契約当事者が遺留分権利者に損害を与えることを知って行ったものは算入されます（民法第1030条）。
（注２）生前贈与が相続人に対して行われ、それが特別受益となる場合には、１年以上前の贈与であっても算入されます（民法第1044条）。

(2) 遺留分の減殺請求

　遺留分減殺請求とは、遺留分を侵害された者が、贈与又は遺贈を受けた者に対し、遺留分侵害の限度で贈与又は遺贈された物件の返還を請求することです。

　遺留分減殺による物件返還請求について当事者間で話合いがつかない場合や話合いができないときには、遺留分権利者は家庭裁判所の調停手続を利用することができます。

　なお、遺留分減殺は相手方に対する意思表示をもってすれば足りますが、家庭裁判所の調停を申し立てただけでは、相手方に対する意思表示とはなりませんので、調停の申立てとは別に内容証明郵便等により意思表示を行う必要があります。

　この意思表示は、相続開始及び減殺すべき贈与又は遺贈のあったことを知った時から１年又は相続開始の時から10年を経過したときは、することができなくなります（民法第1042条）。

　調停手続では、当事者双方から事情を聴いたり、必要に応じて資料等を提出してもらったり、遺産について鑑定を行うなどして事情をよく把握した上で、当事者双方の意向を聴取し、解決案を提示したり、解決のために必要な助言をし、話合いを進めていきます。

(3) 遺留分減殺の順序

遺留分減殺の順序として、民法は以下のように規定しています。

① 贈与と遺贈が併存している場合

贈与は、遺贈を減殺した後でなければ、減殺することができません。

死因贈与のある場合には、遺贈（又は相続させる遺言）→死因贈与→贈与の順に減殺します。

② 数個の遺贈がある場合

遺贈は、その目的の価額の割合に応じて減殺します。

ただし、遺言者がその遺言に別段の意思を表示（数個の遺贈の減殺の順序又は減殺の割合を定めるなど）したときは、その意思に従うこととされています。（遺贈する、しないは遺言者の自由ですので、順番を決めるのも自由です。）

③ 数個の贈与がある場合

贈与の減殺は、後の贈与から順次前の贈与に対して行います。（遺贈の場合と異なり、遺言者がこれと異なる定めをすることはできません。）

(4) 遺留分の放棄

遺留分を有する相続人は、相続の開始前（被相続人の生存中）に、被相続人の住所地の家庭裁判所の許可を得て、あらかじめ遺留分を放棄することができます。

遺留分の放棄の申立てがあった場合に、家庭裁判所は、遺留分権利者の放棄の意思を確認するだけでなく、放棄が合理的かつ相当なものかどうか、諸般の事情を慎重に考慮検討して許否の判断をします。

申立てに必要な書類は、①申立書（裁判所所定の用紙に記載し、財産目録も添付）、②標準的な申立添付書類として、被相続人の戸籍謄本（全部事項証明書）や申立人の戸籍謄本（全部事項証明書）とされています。（申立費用は、収入印紙800円分及び連絡用の郵便切手が必要とされています。）

なお、遺留分の放棄は相続の放棄ではありませんので、遺言書が残っていない場合には、遺留分を放棄した者を含めて遺産分割協議を行うこととなります。

また、遺留分権利者が遺留分を放棄した場合においても、その他の権利者の遺留分が増加することはありません。

◆設例
1. 法定相続人　　配偶者・長男・二男
2. 遺言の内容　　長男にすべての財産を相続させる
3. 遺留分の事前放棄　　配偶者は遺留分の放棄をしている
4. 二男の遺留分
　① 二男の法定相続分　$\frac{1}{2} \times \frac{1}{2} = \frac{1}{4}$
　② 二男の遺留分　　　$\frac{1}{2} \times \frac{1}{4} = \frac{1}{8}$

よって、配偶者が遺留分の放棄をしていても二男の遺留分は増加しません。

(5) 遺留分放棄に際しての留意事項

① 遺留分の放棄が行われていても、遺言書が残されていないと、遺留分の放棄は相続の放棄ではありませんので、遺留分の放棄をした者も含めて遺産分割協議が必要となります。そのため、必ず遺言書を作成しておく必要があります。

② 遺言書に遺言執行者の指定がない場合には、相続人などの利害関係者は家庭裁判所に、遺言執行者を選任してくれるよう申し立てることができますが、この手続きでもめることも予想されますので、遺言書に遺言執行者を指定しておくようにします。遺言執行者を指定する目的は、遺言の確実な履行を法的に担保するためです。遺言執行者がいるメリットとしては、相続人は相続財産に対する管理、処分機能を失うため、相続財産を処分するなどの遺言の執行を妨げる行為ができなくなり、遺言執行者によって遺言執行がスムーズに行うことができます。

③ 相続人が先妻の子と後妻及びその子である場合には、相続の発生順によっては遺留分の割合に変動が生じます。

また遺留分の算定が複雑な場合がありますので、そのような場合は弁護士などに相談されることが適切です。

(6) 遺留分の放棄の撤回

遺留分の放棄は、裁判所の許可審判が必要になり、申立てが認容された場合、不服申立てはできません。しかし、「審判の取消又は変更」の規定によって撤回することができる可能性が残されています。

撤回が可能となるのは、放棄の前提となる客観的事情の変更が生じた場合に限られます。例えば、以下のような場合に、遺留分の放棄の撤回が認められた裁判例があります。

① **事情の変更**（東京高裁：昭和58年9月5日決定）
　遺留分を放棄した時点において連帯保証人たる地位に伴う不安が解消されたことは、事情変更とみてその取消しが認められた。

② **養子縁組の解消**（東京家裁：昭和44年10月23日審判）
養子縁組があったことを事情として遺留分の放棄をした者が、その縁組の解消を理由として遺留分の放棄の取消しを認めた。

③ **前提条件が守られなかった**（松江家庭裁判所：昭和47年7月24日審判）
　「養子縁組を行う」、「家業を継ぐ」などの条件を定めた上で相続の内容が決まり、その関係で遺留分放棄した場合に、その約束が守られなかったとして遺留分の放棄の取消しを認めた。

④ **前提条件が守られなかった**（仙台高裁：昭和56年8月10日決定）
　被相続人と同居してその面倒をみることを前提として遺留分放棄をした場合に、その約束が守られなかったとして、相続開始後であっても遺留分の放棄の取消しを認めた。

◆ 遺留分の放棄に係る許可件数

年分	件数	年分	件数	年分	件数
平成11年	1,280件	平成17年	1,052件	平成23年	1,068件
平成12年	1,297件	平成18年	1,121件	平成24年	1,036件
平成13年	1,229件	平成19年	1,093件	平成25年	1,154件
平成14年	1,213件	平成20年	988件	平成26年	1,181件
平成15年	1,233件	平成21年	1,056件	平成27年	1,176件
平成16年	1,117件	平成22年	1,110件	平成28年	1,180件

（出典：最高裁判所「第9表：司法統計年報（家事編）」）

12 未分割遺産から生じる賃料収入の帰属
（最高裁 平成17年9月8日）

事案の概要
　亡Aは賃貸不動産をいくつか所有していました。遺産分割協議等により各不動産の帰属が決まるまでは、相続人全員が共同して管理する共同口座に各不動産の賃料を保管し、遺産分割協議により各不動産の帰属が決まった時点で、精算を行うことで暫定的合意が成立していました。

　その後、家庭裁判所の審判により各不動産の帰属が確定しました。この場合において、不動産の帰属が確定するまでの間に共同口座に貯められた賃料債権の帰属について争った事案となります。

　原審では、遺産から生ずる法定果実は、それ自体は遺産ではないが、遺産の所有権が帰属する者にその果実を取得する権利も帰属するのであるから、遺産分割の効力が相続開始の時に遡る以上、遺産分割によって特定の財産を取得した者は、相続開始後に当該財産から生ずる法定果実を取得することができると判断しました。そうすると、本件各不動産から生じた賃料債権は、相続開始の時に遡って、本件遺産分割決定により本件各不動産を取得した各相続人にそれぞれ帰属することとなります。

　しかし最高裁判所は、遺産は、相続人が複数人である場合、相続開始から遺産分割までの間、共同相続人の共有に属するものであるから、この間に遺産である賃貸不動産を使用管理した結果生ずる金銭債権たる賃料債権は、遺産とは別個の財産というべきであって、各共同相続人がその相続分に応じて分割単独債権として確定的に取得するものと解するのが相当であると判断しました。

要旨
　遺産分割は、相続開始の時に遡ってその効力を生ずるものであるが、各共同相続人がその相続分に応じて分割単独債権として確定的に取得した賃料債権の帰属は、後にされた遺産分割の影響を受けないものというべきである。

　遺産分割の効力は相続開始時点に遡って効力を生じますが、その相続財産から生じる財産は、その相続財産とは別の財産であると考えることになります。よって、遺産分割協議により確定したその相続財産と紐付きで分割されず、各相続人が法定相続分で取得することになります。ただし、賃料も相続財産から生じる果実ですので、賃料についても遺産分割協議で配分を合意するのが一般です。

◆設例
1. 被相続人　父（平成29年12月31日死亡）
2. 相続人　　長男・二男・長女
3. 父の賃貸不動産の年間収支

（単位：万円）

	収入	支出	差額
アパート	1,000	400	600
青空駐車場	250	50	200
賃貸マンション	1,860	2,000	△140
合計	3,110	2,450	660

※　父と長男は同一生計で、賃貸物件の管理・運用などを行い、不動産賃貸業で生計を維持している。一方、二男及び長女は、父と別生計で、父の賃貸収入に関係なく生活が維持できている。

4. 遺言書の有無
① 遺言書が残されていない場合で遺産分割協議が調わないとき
② 遺言書が残されていてすべて長男に相続させるとしている場合

（単位：万円）

	遺言書なし			遺言書あり
	長男	二男	長女	長男
収支差額の帰属	220	220	220	660

　以上のように、遺言書が残されていない場合、長男は賃貸不動産の収入の一部しか取得することができなくなり、生活に困窮することになります。そうすると、じっくりと時間をかけて遺産分割協議をする余裕がなくなり、二男又は長女に対して相当な譲歩をしないと分割協議が調わないことも予想されます。
　一方、遺言書が残されていたならば、たとえ、二男又は長女から遺留分の減殺請求があったとしても金銭によって弁償する選択肢もあります。遺言書があれば毎年の安定した収入は長男に帰属することとなるため、余裕をもって分割協議に臨むことができます。

コラム　遺言書が残されていた場合の不動産の相続登記

遺言書の種類が公正証書遺言なら正本か謄本を、自筆証書遺言や秘密証書遺言なら先に家庭裁判所で検認手続が必要で、不動産の相続登記では、以下のような書類が必要となります。

① 被相続人について必要な書類

必要書類名 \ 受遺者	法定相続人	法定相続人以外の者 遺言執行者の定めあり	法定相続人以外の者 遺言執行者の定めなし
住民票の除票又は戸籍の附票	○	○	○
死亡の事実を証明する戸籍謄本、除籍謄本等	○	○	－
被相続人の出生から死亡までの事実を証明する戸籍謄本、除籍謄本等	－	－	○
遺言書（注）	○	○	○
固定資産評価証明書	○	○	○
権利書又は登記識別情報	－	○	○

（注）公正証書遺言以外の遺言書の場合、検認が終了した旨の証明書付きのもの

② 相続人等について必要な書類

必要書類名 \ 受遺者	法定相続人	法定相続人以外の者 遺言執行者の定めあり	法定相続人以外の者 遺言執行者の定めなし
被相続人との相続関係を証明する戸籍抄本	○	－	○（注3）
本籍地の記載のある住民票	○	－	－
印鑑証明書	－	○（注1）	○（注2）
受遺者の住民票	－	○	○

（注1）遺言執行者の印鑑証明書（登記申請時点で、発行から3か月以内のもの）
（注2）相続人全員の印鑑証明書（登記申請時点で、発行から3か月以内のもの）
（注3）相続人全員について、被相続人との相続関係を証明する戸籍抄本が必要となります。

　法定相続人以外の者が遺贈を受ける場合は、不動産登記申請書に記載する登記原因が「相続」でなく「遺贈」となり、受遺者を「登記権利者」、遺言執行者又は相続人全員を「登記義務者」として共同申請する必要がありますが、相続を原因とする所有権移転登記では、登記義務者は死亡して存在しませんので、相続人（登記権利者）からの単独申請で行うことができます。
　以上のことから、遺言書が残されている場合には、受遺者が法定相続人以外の者で、かつ、遺言執行者の定めがないとき以外は、被相続人の出生から死亡までの事実を証明する戸籍謄

本、除籍謄本等は必要なく、死亡の事実を証明する戸籍謄本、除籍謄本等があれば、相続人が単独で不動産の相続登記を行うことができます。

　しかし、相続税の申告が必要な場合には、相続人が遺産を相続するか否かに関わらず、法定相続人の数により相続税の基礎控除額を求めることとされていることなどから、相続人の確定のために被相続人の出生から死亡までの事実を証明する戸籍謄本、除籍謄本等が必要となります。

コラム　被相続人の登記住所の確認

　相続登記においては、被相続人の最終住所と登記簿上の住所が異なるときでも、事前に被相続人の住所変更登記を行う必要はありません。被相続人の住所が旧住所のまま、相続人への所有権移転登記をすることができます。

　ただし、被相続人がその不動産の所有者であることを証明するために、登記事項証明書（登記簿謄本）に記載されている住所と、被相続人の最後の住所とのつながりがわかる戸籍の附票（又は、戸籍・除籍・改製原戸籍の附票）が、相続による所有権移転登記の際の必要書類となります。

　本籍を変更しない限りは、戸籍の附票には住所の変遷が記載されています。本籍を変更すると、過去の住所の変遷は記載されません。さらに、本籍変更前の戸籍の附票は、除かれた戸籍の附票扱いとなり、住民票の除票と同様に、5年を経過すると、法律の規定によって破棄されます。その結果、登記簿上の住所から住所を移転したことを証明できなくなります。

　また、本籍を変更しない場合であっても、最近のコンピュータ化に伴う戸籍の附票の改製が行われた場合には、改製前の戸籍の附票が5年を経過すると、法律の規定によって破棄される場合があります。住所の変遷を証明することができない場合には、特別の証明方法をとらなければならなくなります。

　登記実務においては、被相続人の登記簿上の住所と、最後の住所とのつながりを戸籍の附票などにより証明できない場合、除籍になった除附票が廃棄済である旨の証明書のほか、被相続人についての不在籍証明・不在住証明、不動産の登記済証（権利証）、相続人による上申書などを提出しています。

　そのため、住所を変更した都度、住所変更登記をしておくことが大切です。登録免許税は物件1個につき1,000円で済み、必要書類も住民票1通で足ります。

13 「予備的遺言」又は「補充遺贈」について

　配偶者と兄弟姉妹の相続の場合で、すべての財産を配偶者に相続させたいと思う場合には、「妻（夫）○○にすべての財産を相続させる」とする内容を記載するだけで、自筆証書遺言書の作成が可能であることから、高齢者であっても無理なく遺言書を残すことができると思います。この場合、夫婦のいずれが先に相続が発生するか分からないのでお互いが遺言書を作成しておくことが大切です。

　なお、相続人や受遺者が、遺言者の死亡以前に死亡した場合、（以前とは、遺言者より先に死亡した場合だけでなく、遺言者と同時に死亡した場合も含みます。）、死亡した者の遺言の当該部分は失効してしまいます。そのため、受遺者の相続人が代襲相続することはなく、遺言者の相続人が相続することになります。したがって、そのような心配のあるときは、予備的に、例えば、「もし、妻が遺言者の死亡以前に死亡したときは、その財産を○○に遺贈する。」と書いておくようにしましょう。これを「予備的遺言」又は「補充遺贈」といいます。

◆記載例

> 第1条　遺言者は、その有する次の不動産を遺言者の妻○○○
> 　　　に相続させる。
> 　　　　︙
>
> 第10条　遺言者は、遺言者と同時又は遺言者よりも先に上記妻
> 　　　○○○が死亡したときは、次のとおり相続させる。
> 　　　①　第1条に記載した財産は、長男△△△に相続させる。
> 　　　　︙

14　遺言書の撤回の方法

　撤回の方法には、以下のような方法があり、遺産を相続させる者はそのままにして、遺言書の一部、例えば、遺言執行者だけを撤回することもできます。

① 前の遺言を撤回する旨の遺言をする
　　新たに遺言をして、その遺言書の中で前の遺言を撤回すると表明する方法です。直接で最も明確な方法です。公正証書遺言を撤回する場合、自筆証書遺言によっても行うことができますが、撤回を争われる恐れもありますので、後の遺言は公正証書遺言のように、より厳格な方法ですることをお勧めします。
② 前の遺言に抵触する内容の遺言をする
③ 遺言をした後、遺言者が生存中に遺言と抵触する遺言、処分行為などをすれば、抵触する部分については遺言が撤回されたものとみなされます
④ 遺言者が遺贈の目的物を故意に破棄する
　　その遺贈に関する部分の遺言は撤回されたものとみなされます。
⑤ 遺言者が遺言書を故意に破棄する
　　その遺言は撤回したものとみなされます。しかし、公正証書遺言の場合には、原本が公証役場に保管されていることから、手許に保管している遺言書を破棄しても遺言書を破棄したことになりません。

　なお、一度撤回した遺言は、二度と復活しないことになりますが、詐欺又は脅迫により撤回したときは、その撤回を取り消すことにより復活することが認められる場合があります（民法96条）。

◆撤回の方法

撤回の遺言	① 前の遺言を撤回する旨の遺言をする方法 　新たに遺言をして、その遺言書の中で前の遺言を撤回すると表明する方法です。直接で最も明確な方法です。撤回を争われる恐れもありますので、後の遺言は公正証書のような、より厳格な方法ですることをおすすめします。	民法 1022条
法定撤回	② 前の遺言に抵触する内容の遺言をする方法 　第1の遺言で配偶者に相続させると記載していた財産を第2の遺言で子に相続させるとすれば、抵触する部分について遺言は撤回されたものとみなされます。 ③ 遺言をした後、遺言者が生存中に遺言と抵触する処分行為などをすれば、抵触する部分については遺言が撤回されたものとみなされます。 　遺言で建物Aを配偶者に相続させると記載していたが、生前に建物Aを売却した場合は、遺言は撤回したものとみなされます。	民法 1023条
	④ 遺言者が遺贈の目的物を故意に破棄すれば、その遺言に関する部分の遺言は撤回されたものとみなされます。 　遺言者が遺贈の目的物を破棄したときは、遺言を撤回したものとみなされます。例えば、古い建物を取り壊して新しい建物を建てた場合には、遺言は撤回されたものとみなされますので、誤解を招かないためにも新たに遺言をし直すべきです。 ⑤ 遺言者が遺言書を破棄する方法 　遺言者が故意に遺言書を破棄したときは、その破棄した部分については遺言を撤回したものとみなされます。しかし、公正証書遺言の場合には、原本が公証役場に保管されていることから遺言書を破棄したことになりません。	民法 1024条

※　第1の遺言が第2の遺言により撤回され、その第2の遺言が撤回された場合でも、第1の遺言の効力は復活しません。撤回後に第1の遺言の効力を有効にしたい場合は、第1の遺言と同じ内容の遺言を新たに行う必要があります。

◆以前に作成した遺言の撤回の方法の記載見本

平成〇〇年第〇〇〇号　　　　　　　　　　　　　　　　　　謄　本

遺　言　公　正　証　書

本公証人は、遺言者〇〇〇の嘱託により、平成〇〇年〇月〇日、当役場において、同遺言者が後記証人立会いのもとに口述した下記遺言の趣旨を筆記してこの証書を作成する。

本旨要件

第1条　遺言者は、本日以前における遺言者の遺言（公正証書遺言を含む。）のすべてを撤回し、改めて以下のとおり遺言する。
　　　　︙

15 遺言書の検認手続

　公正証書遺言以外の遺言書、すなわち、「自筆証書遺言」及び「秘密証書遺言」などを保管している人、あるいは発見した人は、遺言者の死亡を知った後、遅滞なく、これを遺言者の最後の住所地の家庭裁判所に提出してその検認を申立てしなければなりません。申立てに必要な書類には、①申立書１通、②申立人、相続人全員の戸籍謄本各１通、③遺言者の戸籍（除籍、改製原戸籍）（出生時から死亡までのすべての戸籍謄本）各１通、④遺言書又はその写し（遺言書が開封されている場合）などがあります。

　また、封印のある遺言書は、家庭裁判所で相続人等の立会いの上、開封しなければならないことになっています。この規定に違反して、遺言書を家庭裁判所に提出することを怠り、その検認を経ないで遺言を執行し、又は家庭裁判所以外で遺言書を開封した者は、５万円以下の過料に処せられることになっています。

　ただし、この検認、開封の立会いの手続きを怠ったからといって、遺言が無効になることはありません。また、封印のない遺言書も、この検認手続が必要です。

　検認とは、相続人に対し遺言の存在及びその内容を知らせるとともに、遺言書の形状、加除訂正の状態、日付、署名など検認の日現在における遺言書の内容を明確にして遺言書の偽造・変造を防止するための手続きです。遺言の有効・無効を判断する手続きではありません。だまされて書いたものであるかどうかなど、実体上有効であるか無効であるか、といった面については「遺言無効確認の訴え」などによって争われることになります。

※　「遅滞なく」は、正当な理由ないし合理的な理由があれば遅滞も許されます。したがって、「遅滞なく」とは、事情の許す限りできるだけ早くという意味です。

◆遺言書の検認の手続き

項目	必要書類
申立人	① 遺言書の保管者 ② 遺言書を発見した相続人
申立先	遺言者の最後の住所地の家庭裁判所
申立に必要な書類	① 共通事項 　(ア) 申立書 　(イ) 遺言者の出生から死亡までのすべての戸籍謄本 　(ウ) 相続人全員の戸籍謄本 　※遺言者の子（その代襲者）が死亡している場合は、その子（その代襲者）の出生から死亡までのすべての戸籍謄本 ② 相続人が遺言者の配偶者と直系尊属の場合 　(ア) 遺言者の直系尊属で死亡している者がいる場合は、その直系尊属の死亡の記載のある戸籍謄本 ③ 相続人が不存在の場合、遺言者の配偶者のみの場合、遺言者の配偶者と兄弟姉妹及びその代襲者の場合 　(ア) 遺言者の父母の出生から死亡までのすべての戸籍謄本 　(イ) 遺言者の直系尊属の死亡の記載のある戸籍謄本 　(ウ) 遺言者の兄弟姉妹に死亡している者がいる場合は、その兄弟姉妹の出生から死亡までのすべての戸籍謄本 　(エ) 遺言者の兄弟姉妹の代襲者が死亡している場合は、その代襲者の死亡の記載のある戸籍謄本
申立費用	遺言書1通につき収入印紙800円、連絡用の郵便切手

◆遺言書の検認件数

年　分	件　数	年　分	件　数	年　分	件　数
平成11年	9,818件	平成17年	12,347件	平成23年	15,113件
平成12年	10,251件	平成18年	12,595件	平成24年	16,014件
平成13年	10,271件	平成19年	13,309件	平成25年	16,708件
平成14年	10,503件	平成20年	13,632件	平成26年	16,843件
平成15年	11,364件	平成21年	13,963件	平成27年	16,888件
平成16年	11,662件	平成22年	14,996件	平成28年	17,205件

（出典：最高裁判所ホームページ「第9表：司法統計年報（家事編）」）

コラム　遺言書の検索

　遺産分割においては、遺言による指定が優先されます。そのため、遺言書が残されていないかを確認する必要があります。

(1) **遺言書の存否の照会**

　遺言書が分割協議後に発見されると実務上、大混乱することになりかねません。また、遺言書が複数ある場合には作成された日付が一番新しい遺言書が有効な遺言書となり、「後遺言優先の原則」（先の遺言と後の遺言が抵触する時には、抵触する部分について後の遺言が優先する）が適用されます。

　そこで、公正証書遺言や秘密証書遺言の作成の有無については、最寄りの公証役場で検索できますので、必ず検索するようにしましょう。

　平成元年（東京都内は昭和56年）以降に作成された公正証書遺言であれば、日本公証人連合会において、全国的に、公正証書遺言を作成した公証役場名、公証人名、遺言者名、作成年月日等をコンピューターで管理していますから、遺言の存否の照会は、全国どこの公証役場からでも請求できます。

　なお、秘密保持のため、利害関係人のみが公証役場の公証人を通じて照会を依頼することができることになっています。利害関係人とは、遺言者本人が生存中は、本人のみで、本人が死亡した場合は、原則として法定相続人又は遺言により遺贈を受けた受遺者あるいは遺言執行者などと考えられます。

　検索によって判明するのは、遺言書の有無、保管されている公証役場のみであり、遺言書の内容を知るためには、保管されている公証役場に対し、遺言書の謄本（コピー）の交付を請求する必要があります。実務対応としては、事前に電話で当該公証役場に連絡を入れておくと、処理がスムースに行きます。謄本の交付を受ける場合の費用については、証書謄本の枚数×250円になります。

被相続人の死亡直前に作成されたこれらの遺言については、システムの関係上未登録となっている可能性があるため、時期を見て、再度照会したほうが無難です。

　また、秘密証書遺言については、遺言書が公証役場に保管されていないため、謄本の交付を受けることはできません。

(2) 遺言検索の手続き

・請求者（相続人）本人が手続きをする場合

① 遺言者の死亡が確認できる資料：除籍謄本など
② 請求者が相続人であることを確認する資料：戸籍謄本
③ 請求者の本人確認の資料：以下のa又はbのいずれか。
　　a：運転免許証、パスポートなど顔写真入りの公的機関発行の身分証明書と認印
　　b：発行から3か月以内の印鑑登録証明書と実印

・請求者（相続人）の代理人が手続きをする場合

① 遺言者の死亡が確認できる資料：除籍謄本など
② 請求者が相続人であることを確認する資料：戸籍謄本
③ 請求者の発行から3か月以内の印鑑登録証明書
④ 委任状（本人の実印が押されているもの）
⑤ 代理人の本人確認資料：a又はbのいずれか
　　a：運転免許証、パスポートなど顔写真入りの公的機関発行の身分証明書と認印
　　b：発行から3か月以内の印鑑登録証明書と実印

(3) 遺言検索に要する費用

① 遺言検索自体は、手数料はかかりません。
② 遺言公正証書原本の閲覧は、1回あたり200円です。
③ 謄本の交付は、証書謄本の枚数×250円になります。

```
                                                公証人 △△一郎の印
                                                        平成30年○月○○日
    ○○   太郎様
                        本町公証役場
                                        公証人　△△　一郎

                    遺言検索システム照会結果通知書

     あなたから照会のあった　○○　三郎　様に係る公正証書遺言の有無を調査した結果は
    次のとおりですので通知します。
                            記
     あなたから提供された下記資料に基づいて、日本公証人連合会で運営する遺言検索シス
    テムにより検索しましたが、　○○　三郎　様の遺言公正証書は見当たりませんでした。
    （なお、遺言検索システムには、平成元年以降になされた遺言についてのみ記録されており、
    それ以前の分は記録されていません。）


    □遺言者ご本人の死亡事項の記載のある除籍謄本
    □あなたと遺言者ご本人との続柄がわかる戸籍謄本（全部事項証明書）
    □その他資料（委任状・印鑑証明書等）
                                                    以上
```

＊　遺言検索システム照会結果通知書は、法定された書式はありませんので、公証人に依頼し独自に作成してもらえるもので、上記の通知書はひとつの見本です。
　なお、遺言書がないことの検索結果について、交付を受けた書面などを共同相続人に提示して確認してもらうようにしておきます。

16 遺言書と異なる遺産相続

　遺言は被相続人の意思表示によって、法定相続の原則を修正することを認めたものであり、法定相続に優先します。しかし、遺言書がある場合に、相続人及び受遺者がその遺言書と異なる内容の遺産分割協議を行った場合は、どのようになるのでしょうか。

　民法986条に「受遺者は、遺言者の死亡後、いつでも、遺贈の放棄をすることができる」とされており、遺贈する遺言であれば、遺贈を放棄し、相続人間で改めて遺産分割協議を行うことが可能です。

　また、相続させる遺言については、遺贈の放棄のように放棄が明文化はされていませんが、過去の判例をみると、遺言書の内容を放棄して、相続人間で改めて遺産分割協議を行うことが認められているようです。

　よって、相続人全員の同意があれば、遺言書と異なる内容の遺産分割協議をすることが可能と考えられます。

　例えば、被相続人の遺産につき、特定の土地を特定の相続人1人に相続させる旨の遺言がある場合、その相続人は遺産分割協議を経ることなく単独で同土地の相続登記をすることができます。また、他の共同相続人も、遺言書に拘束され遺言と異なる遺産分割をすることができず、家庭裁判所も遺言内容と相違する審判をすることはできません。

　しかし、遺贈する遺言の場合、受遺者にとっては、それが利益になっても強制されるべきではありません。そこで、民法では、特定遺贈については受遺者は遺言者の死亡後、いつでも遺贈の放棄をすることができると規定しています。その放棄の意思表示は遺贈義務者（通常は相続人、包括受遺者も相続人に含まれます。ただし遺言執行者がいる場合には遺言執行者）に対してなすべきだとされています。

　遺贈の放棄があれば、その遺言は最初から無かったものとされますから、全員が遺贈の放棄をすることによって、その遺産全部について共同相続人全員の遺産分割協議で、その帰属者を決めることができます（遺贈の放棄をしたからといって相続の放棄をしたことにはなりませんので、相続人である受遺者は遺産分割協議に加わり遺産相続をすることができます。）。そうすると、遺言書に遺言執行者が指定されていても遺言の執行はできなくなります。

　一方、包括受遺者が包括遺贈の放棄をしようとする場合は、自己のために包括遺贈があったことを知った時から3か月（熟慮期間）の期間内に家庭裁判所への申述により放棄の

手続きをする必要があります。

　その場合、既にその期間が経過し、適法な放棄を行うことができなくなった後に、相続人である包括受遺者が他の共同相続人と遺産分割協議を通じて包括遺贈の割合と異なる遺産分割を行っても、その差異分が分割協議当事者間で行われたものであれば新たな贈与によるものとは認定されません。

　そのため、相続人である包括受遺者は、遺産分割協議を通じて共同相続人間で合意すれば、事実上の相続放棄も可能といえます。

　遺産分割協議による場合の分割基準について民法第906条は、「遺産の分割は、遺産に属する者、又は権利の種類及び性質、各相続人の年齢、職業、心身の状態及び生活の状況その他一切の事情を考慮してこれをする」と規定しています。

　これこそが遺産分割に際して最も基本的で、かつ、遵守されるべき考え方であるといえます。

遺言執行者の同意、東京地方裁判所（平成13年6月28日判決）

　相続人の1人に対し遺産の一部を相続させる旨の遺言がある場合において、遺言執行者の同意を得ることなく、相続人らが遺言による指定と異なる遺産分割協議を成立させ、その遺産分割協議に基づき相続登記を行いました。

　これに対し、遺言執行者は、遺産分割の方法が指定され遺言執行者が指定されている場合には、相続人はその遺言の執行を妨げることができず、これに反する遺産分割行為は無効であると主張しました。

　この事案に対し東京地方裁判所は、「本件の遺産分割協議は、遺産分割協議としては無効であるが、相続させる旨の遺言により直接に取得した取得分を相続人間で贈与ないし交換的に譲渡する旨の私法上の合意であり、その合意としては有効である。」として、遺言執行者からの請求を棄却しました。

　民法1013条には「遺言執行者がある場合には、相続人は、相続財産の処分その他遺言の執行を妨げるべき行為をすることができない。」とあります。このことは、当判決においても認めるところではあります。しかし当判決は、その遺言により指定された相続人の1人が取得した取得分を、改めて相続人間で贈与ないし交換的に譲渡する旨の合意をしたものとし、その行為は民法1013条には抵触せず、私的自治の原則に照らして有効な合意と認めています。

　このことは、残された相続人間の意思を尊重する判断がされたのではないでしょうか。ただし、次に述べる国税庁の考え方が一般的な法律論と考えられ（遺産分割協議に放棄の

合意が含まれている。)、相続人のうち1人でも遺産分割協議に同意できない場合は、もちろん、遺言書が優先されることになるでしょう。

贈与税等との関係

　遺言書と異なる遺産分割協議を行った場合、遺言書で指定された受取人から遺産分割協議による受取人に対して贈与又は譲渡があったとみなされるのかどうかという税務上の問題があります。
　このことについて、国税庁の質疑応答事例においては「相続人全員の協議で遺言書の内容と異なる遺産の分割をしたということは（仮に放棄の手続きがされていなくても）、包括受遺者が包括遺贈を事実上放棄し（この場合、包括受遺者は相続人としての権利・義務は有しています。）、共同相続人間で遺産分割が行われたとみて差し支えありません。したがって、原則として贈与税の課税は生じないことになります。」とされています。
　以上のことから、相続させる遺言についても、遺贈する遺言と同様に、その受益を放棄することができるという立場に立てば、贈与税の課税関係は生じないと考えられます。

17　信託銀行の商品名である「遺言信託」

　遺言書の作成のサポートについては、信託銀行が早くから取組み、連日のようにセミナーを開催して遺言信託の受託にしのぎを削っています。その成果は、一般社団法人信託協会が公表している「信託銀行における遺言書の保管件数」の伸びを見れば一目瞭然です。

　遺言書の作成は、相続対策において重要な取り組みであることは否定できません。しかし、遺言信託と称する、単なる遺産の名義変更手続きについて、高額な報酬を支払ってまで委託する必要性については疑問に思います。

　例えば、特定の財産を、特定の相続人に相続させたい場合、遺言書に「遺言者所有の〇〇を××太朗に相続させる」と記載すると、遺産分割協議や家庭裁判所の審判を経ることなく、また、その相続人が優先権を主張しなくても、相続によってその財産が相続人に承継されます。相続させる旨の遺言の効果は、遺言の内容に従い、相続財産は相続開始と同時に受益相続人へと帰属することとなります。

　そのため、相続人が遺言書によって不動産を相続する場合には、司法書士に相続登記の委任状を交付するだけで、相続登記は完了します。（信託銀行が行う遺言信託でも、同様に相続登記を行う司法書士に対して委任状の交付が必要です。）もちろん、相続登記の費用は、直接司法書士に依頼しても、信託銀行で遺言信託によって手続きをしても相続人の負担とされています。

　某信託銀行の遺言執行財産の範囲をみると、相続・遺贈財産に係る相続財産評価額（消極財産控除前）に対して、一定の率を乗じて執行報酬を計算することとしています。

　その財産には、①不動産、②金融資産、③非上場株式、及び④保険契約に関する権利（生命保険、損害保険）も含まれています。

　遺産の名義変更で手続きが面倒なのは、金融資産の名義変更のみです。不動産の相続登記は、司法書士に対して用意された委任状にサインと押印をするだけ、非上場株式の名義変更は当該会社に相続した旨の連絡をするだけで済み、保険契約に関する権利の名義変更の手続きも保険会社に電話をすれば必要書類を郵送してくれますので、相続した人の名前などを書いて遺言書の写しを添付して提出するだけの簡単な手続きです。

　信託銀行の遺言執行報酬は、平均して財産の約1％くらいですので、1億円の財産の名義変更を、信託銀行に依頼すると100万円もかかります。そのため、簡単にできる遺産の名義変更手続は自分で行うことで、高額な遺言執行報酬を節約することができます。

◆主な信託銀行による遺言信託手数料等及び執行報酬一覧

	業務内容	みずほ信託	三井住友信託	りそな銀行	三菱UFJ信託
公正証書遺言書作成関連費用	遺言信託手数料	324,000円	324,000円（執行コース）	324,000円（基本コース）	324,000円
	変更手数料	54,000円	54,000円	108,000円	54,000円
	年間保管料	6,480円	6,480円	6,480円	5,400円
遺言執行報酬	自社の預金等	0.324%	0.324%	0.324%	―
	5,000万円以下	1.836%	2.160%	2.160%	2.160%
	1億円以下		1.620%	1.620%	1.620%
	2億円以下	1.080%	1.080%	1.080%	1.080%
	3億円以下		0.864%		0.864%
	5億円以下	0.648%	0.648%		0.648%
	10億円以下	0.432%	0.432%	0.540%	0.540%
	10億円超	0.324%	0.324%		0.324%
	最低報酬額	108万円	108万円	108万円	162万円

＊信託銀行によっては、取引内容により優遇制度を設けているところもあります。
＊上記報酬の他にも遺言の執行に必要な不動産の相続登記費用その他の実費（例えば、司法書士・税理士等への支払い）が別途必要です。
＊相続財産の価額は、通常、執行時の積極財産の金額（債務控除前）で相続税評価額とされているようです。

◆参考　遺言執行報酬規定から算定した信託銀行の遺言信託に係る報酬額　（単位：円）

遺産額 \ 信託銀行	みずほ信託	三井住友信託	りそな銀行	三菱ＵＦＪ信託
5,000万円	1,080,000	1,080,000	1,080,000	1,620,000
1億円	1,836,000	1,890,000	1,890,000	1,890,000
3億円	3,996,000	3,834,000	4,050,000	3,834,000
5億円	5,292,000	5,130,000	5,130,000	5,130,000
10億円	7,452,000	7,290,000	7,830,000	7,830,000
20億円	10,692,000	10,530,000	13,230,000	11,070,000

＊　遺産額には、自社の預金等は含まないものとして計算しています。
＊　上記報酬の他にも遺言の執行に必要な不動産の相続登記費用その他の実費が別途必要となります。（司法書士・税理士等への支払いなど）

18 遺言書による生命保険金の受取人変更

　平成22年４月１日から施行された保険法によって、遺言で保険金受取人を変更することが可能になりました。

　保険法では、①保険契約者は保険金受取人を変更することができること、②保険金受取人の変更の意思表示の相手方は保険会社であること、③遺言による保険金受取人の変更も可能であること等を規定しています。

① **保険金受取人の変更**

　　保険契約者は、支払事由が発生するまでは、保険会社に対する意思表示をすることによって、保険金受取人を変更することができます。

　　保険金受取人を変更する意思表示は、その通知が保険会社に到達したときは、その通知を発した時に遡ってその効力を生じます。ただし、意思表示が保険会社に到達する前に、保険会社が変更前の保険金受取人に保険金を支払った場合には、その保険金の支払いは有効です。

② **遺言による保険金受取人の変更**

　　保険金受取人の変更は、遺言によってもすることができます。

　　遺言による保険金受取人の変更は、保険契約者が死亡した後に、保険契約者の相続人が保険会社に通知しなければ、保険金受取人の変更があったことを保険会社に対して主張することはできません。

③ **保険金受取人の変更についての被保険者の同意**

　　死亡保険契約について保険金受取人を変更する場合には、被保険者の同意が必要となります。

　保険金受取人を変更する遺言を作成する場合、以下のような問題が生じることが予想されます。

　１．遺言者である保険契約者が亡くなった後、遺言による保険金受取人の変更手続をする前に、当初の契約上の保険金受取人が保険会社に保険金の請求を行った場合、保険会社は当初の契約上の保険金受取人に保険金を支払います。

　　　その支払い後に、遺言による保険金受取人の変更手続の申し出があっても、保険会社は再度の支払いはしてくれません。

　　（当初の保険金受取人と、遺言で指定された保険金受取人との間での問題となります。）

2．遺言で変更されたことを知らなかった当初の保険金受取人をはじめとして、相続人の間で遺言執行や遺産分割の手続きの中で感情的なしこりが生じてしまう可能性が非常に高いと考えられます。

以上のことから、保険金受取人については、生前に変更手続をしておくことが無難な選択と思われます。

19 秘密証書遺言の活用法

(1) 秘密証書遺言の概要

　秘密証書遺言は、遺言者が、遺言の内容を記載した書面（自筆証書遺言と異なり、自書である必要はないので、ワープロソフト等を用いても、第三者が筆記したものでもかまいません。）に署名押印をした上で、これを封じ、遺言書に押印した印章と同じ印章で封印した上、公証人及び証人2人の前にその封書を提出し、自己の遺言書である旨及びその筆者の氏名及び住所を申述し、公証人が、その封紙上に日付及び遺言者の申述を記載した後、遺言者及び証人2人と共にその封紙に署名押印することにより作成されるものです。

　上記の手続きを経由することにより、その遺言書が間違いなく遺言者本人のものであることを明確にでき、かつ、遺言の内容を誰にも明らかにせず秘密にすることができます。

　しかし、秘密証書遺言は、公正証書遺言と同じように原則として公証役場で作成しますが、遺言書の内容を密封して、公証人も内容を確認できないため、形式不備や内容の無効箇所があると、遺言の効力が否定されるリスクもあります。

　なお、秘密証書による遺言は、秘密証書遺言に定める方式に欠けるものがあっても、自筆証書遺言の方式を満たしているときは、自筆証書による遺言としてその効力を有します。

(2) 秘密証書遺言の活用法

① 暫定的な遺言書として作成

　誰しも急な病気や交通事故等で亡くなる可能性はゼロではなく、相続がいつ発生するかはわかりません。そのため、遺言書を作成するのに時期が早すぎるということはありません。

　しかし、相続対策の途中にあり、近い将来に所有する資産の組換えが起こることが予想される場合には、遺言書を作成しても、その後、書き換える必要性がでてきます。具体的には、所有する土地の上にアパートなどを建築し相続税の軽減を図る場合などが、その代表例と思われます。この場合に、新築したアパートが遺言書に記載されていなければ、追加の遺言書を作成するか、又は遺言書を書き換えることとなります。そのため、アパートの完成まで待ってから遺言書を作成するということも考えられますが、相続はいつ発生するか誰にもわかりません。そこで、万が一に備えて作成費用の高い公正証書遺言に代えて

「秘密証書遺言」を作成するのもひとつの方法と考えられます。秘密証書遺言の場合、公証人へ支払う費用は定型的な業務であることから一律11,000円とされているので、多額の費用をかけずに作成することができます。

② 遺言書を全文書くことが困難な場合

自筆証書遺言によって作成すれば、公証人や証人などが必要とされていません。しかし、全文遺言書を自ら書く必要があることから、高齢者の場合、身体的な問題から自筆によって作成することに困難が伴うことも予想されます。

秘密証書遺言は、自書に代えて自らワープロソフトなどを利用して作成しても良いですし、第三者に作成を依頼することもできます。

③ 遺言書の内容について、一部撤回する場合

以前に作成した公正証書遺言の見直しを行う場合には、改めて遺言書で撤回の意思を明確にしておかなければなりません。しかし、遺言書の一部について撤回し、その他の部分についてはそのままとしておきたいときに、秘密証書遺言によって作成することもできます。複数の遺言書が残されていた場合、その内容が重複する部分については、新しい日付の遺言書が優先されますので、一部分のみの撤回ができます。

具体的には、以前に作成した遺言書のどの部分を撤回するのか明確にし、改めて秘密証書遺言で遺言するようにします。

◆記載例

> 第1条　大阪公証役場（公証人〇〇太郎）で作成した公正証書遺言（平成25年第×××号）の第8条（遺言執行者）の定めについて撤回し、改めて以下のとおり遺言する。
> 　　　　遺言執行者は、長男△△一郎とする。
>
> 　　　　　　⋮

④ 高額な公正証書作成報酬に代えて秘密証書遺言にする

上場会社のオーナーのように自社株による財産が多額にある場合には、遺言書の内容がシンプルなものであっても公正証書遺言の作成費用が多額になることも考えられます。

しかし、秘密証書遺言によれば、公証人へ支払う手数料は、定額11,000円とされています。

◆参考　遺言による財産の価額別公証人手数料

2人の子に均等に相続させる内容の公正証書遺言の場合

財産価額	50億円	100億円	150億円
手数料	978,000円	1,778,000円	2,578,000円

公正証書遺言作成手数料

公正証書遺言の作成手数料は、手数料令という政令で法定されていて、遺言の目的たる財産の価額に対応する形で、下記のとおり定められています。

目的財産の価額	手数料の額
100万円まで	5,000円
200万円まで	7,000円
500万円まで	11,000円
1,000万円まで	17,000円
3,000万円まで	23,000円
5,000万円まで	29,000円
1億円まで	43,000円

1億円を超える部分については

　1億円を超え3億円まで　　5,000万円毎に13,000円
　3億円を超え10億円まで　　5,000万円毎に11,000円
　10億円を超える部分　　　5,000万円毎に 8,000円　がそれぞれ加算されます。

上記の基準を前提に、財産の相続又は遺贈を受ける人ごとにその財産の価額を算出し、これを上記基準表に当てはめて、その価額に対応する手数料額を求め、これらの手数料額を合算して、当該遺言書全体の手数料を算出します。

なお、全体の財産が1億円以下のときは、上記によって算出された手数料に11,000円が加算されます。

20 信託法による遺言

(1) 遺言による方法

　信託法第3条では、特定の者に対し財産の譲渡、担保権の設定その他の財産の処分をする旨並びに当該特定の者が、一定の目的に従い、財産の管理又は処分及びその他の当該目的の達成のために必要な行為をすべき旨の遺言をする方法を定めています。遺言によって財産の処分が可能ですが、ポイントは、これにプラスして、受託者を指定して、その者に「一定の目的に従い財産の管理又は処分及びその他の当該目的の達成のために必要な行為をすべき者」を命じることが、遺言によってできることです。
　信託銀行が行っている「遺言信託」は、「遺言についての相談から遺言書の作成、遺言書の保管、財産に関する遺言の執行」を行うという商品にすぎません。このような業務は、信託法にいう信託とは無関係ですから、混乱のないように注意する必要があります。

(2) 遺言代用の信託

　遺言代用の信託とは、自己の死亡時における財産の処分を遺言によって行う代わりに、生前に自己（委託者）を当初受益者とする信託を設定し、信託契約上、委託者の死亡時において当然に委託者が受益権を失い、信託契約上指定された者が受益権を取得する旨を定めることなどによって、遺言と同様の目的を相続手続の外で実現しようとするものです。
　例えば、委託者が受託者に財産を信託して、委託者自身を自己生存中の受益者とし、自己の子・配偶者などを「死亡後受益者」（委託者の死亡を始期として受益権又は信託利益の給付を受ける権利を取得する受益者）とすることによって、自己の死亡後における財産分配を信託によって達成しようとするものです。
　信託法第90条は、「委託者の死亡の時に受益権を取得する旨の定めのある信託等の特例」という見出しで、いわゆる遺言代用の信託として、次の2類型を規定しています。
　1号　委託者の死亡の時に受益者となるべき者として指定された者が受益権を取得する旨の定めのある信託
　2号　委託者の死亡の時以後に受益者が信託財産に係る給付を受ける旨の定めのある信託
　　受益者変更権は、信託契約に留保していない限り行使できないのが原則ですが、遺言代用の信託においては、受益者変更権を留保していなくとも、信託契約に別段の定めが

ない限り、委託者は受益者変更権を有するものとされています。

なお、上記2号類型において、当該受益者は委託者死亡前において既に受益者であることから、委託者が信託の変更、信託の終了を望む場合、当該受益者の保護のため、原則として当該受益者の同意を要することになります。しかし、それでは遺言代用の信託における委託者の通常の意思に合わないと考えられることから、信託法第90条2項は、委託者が死亡するまで、受益者としての権利を有しないものと定めています。

(3) 後継ぎ遺贈型受益者連続信託
（受益者の死亡により他の者が新たに受益権を取得する旨の定めのある信託）

「後継ぎ遺贈型受益者連続信託」とは、例えば、委託者Aが自己の生存中は自らが受益者となり、Aの死亡によりB（例えばAの妻）が次の受益者となり、さらに、Bの死亡によりC（例えばAの子）がその次の受益者となるというように、受益者の死亡により他の者が新たに受益権を取得する旨の定めのある信託をいいます。生存配偶者等の生活保障や個人企業における後継者確保の有効手段としてのニーズに対応したものと考えられます。受益者が胎児である場合や最初に生まれた子を次の受益者とするなど、信託設定時に存在しない者を連続受益者の1人とすることもできます。

ただし、これについては、財の固定化防止及び相続法理等も考慮して、当該信託がされたときから30年を経過した時以後において、現に存する受益者が当該定めにより受益権を取得し、かつ、その受益者が死亡し又は当該受益権が消滅するまでの間に限って、その効力を有することとされました。

この制限の範囲内であれば、受益者の死亡を契機とする受益権の承継の回数に信託法上の制限はないことになります。

同様のことを、民法の遺言（遺贈）で実現することは困難です。遺言では妻に財産を相続させることはできても、妻が死亡した後にその財産を先妻の子へ譲与することまでは拘束できないという説が通説となっているからです。

コラム　民法（相続関係）等の改正に関する要綱案の概要

　法制審議会民法（相続関係）部会における「民法（相続関係）等の改正に関する要綱案」（平成29年12月19日会議資料ほか）では、以下のような改正を検討し、平成30年3月13日に国会へ改正法案を上程され、今国会で可決される見込みです。

1．自筆証書遺言の方式緩和

(1)　自書を要求する範囲について

①　自筆証書遺言においても、遺贈等の対象となる財産の特定に関する事項（注1）については、自書でなくてもよいものとする（注2）。

②　①に基づき財産の特定に関する事項を自書以外の方法により記載したときは、遺言者は、その事項が記載されたすべての頁に署名し、これに押印（注3）をしなければならないものとする。

（注1）「財産の特定に関する事項」としては、

　　ⓐ　不動産の表示（土地であれば所在、地番、地目及び地積／建物であれば所在、家屋番号、種類、構造及び床面積）

　　ⓑ　預貯金の表示（銀行名、口座の種類、口座番号及び口座名義人等）等を想定している。

（注2）ただし、加除訂正をする場合には、当該加除訂正部分等の自書を要求する点を含め、通常の加除訂正の方式によるものとする。

（注3）これに加え、②に基づき押印をする際には、すべて同一の印を押捺しなければならないものとすることも考えられる。

(2)　加除訂正の方式について

　変更箇所に「署名及び押印」が必要とされている点を改め、署名のみで足りるものとする。

（注）(1)及び(2)の方策は両立し得るものであるが、偽造又は変造のリスクを考慮し、(1)の方策を講ずる場合には(2)につき現行の規律を維持するものとすることも考えられる。

※この方式緩和については、公布の日から起算して6月を経過した日から施行するとしています。

2．自筆証書遺言の保管制度の創設

①　自筆証書遺言（以下「遺言書」という。）を作成した者が一定の公的機関に遺言書の原本の保管を委ねることができる制度を創設するものとする。

②　①の保管の申し出は、遺言者本人に限り、することができるものとする。

③　相続人、受遺者及び遺言執行者は、相続開始後に、①に基づく保管の有無を確認することができるものとする。

④　相続人、受遺者及び遺言執行者は、相続開始後に、①に基づき保管されている遺言書の原本を閲覧し、又は正本の交付を受けることができるものとする。

⑤　①に基づき保管された遺言書については、検認を要しないものとする。

⑥　①の公的機関は、相続人等から④に基づく申し出がされた場合には、申出人以外の相続人及び受遺者等に対し、遺言書を保管している旨を通知しなければならないものとする。

（注１）保管を行う公的機関としては、保管施設の整備等の必要性、転居時等における国民の利便性及びプライバシー保護の重要性を考慮し、全国で統一的な対応をすることが可能な機関を想定しているが、この点については、なお検討する。（審議資料によると全国の法務局で保管する旨検討している）

（注２）原本を保管する際、災害等による滅失のおそれを考慮し、遺言書の内容を画像データにしたものを別個に保管することを想定している。このため、公的機関で保管をするに当たっては、仮に遺言書が封緘されていた場合であっても、遺言者本人の了解を得てこれを開封した上、画像データを作成することを想定している。なお、遺言書の保管をする際には、遺言者に遺言書の謄本を交付することが考えられる。

（注３）相続人が①に基づく保管の有無の確認をするときは、戸籍謄本等の提出を受けて、相続人であることを証明させることを想定している。

（注４）遺言書の原本は、相続開始後も、相続人等には交付せず、①の公的機関で一定期間保管することを想定している。

※　公布の日から起算して２年を超えない範囲内において政令で定める日から施行するとしています。

```
　　　　　　　遺言書

一　長女花子に、別紙一の不動産及び別紙二の預
　　金を相続させる。
二　長男一郎に、別紙三の不動産を相続させる。
三　東京和男に、別紙四の　　を遺贈する。
　　　　　　　　　　株式㊞

　　平成二十九年十二月十九日
　　　　　　　法　務　五　郎　㊞

　　　　上記三中、二字削除二字追加
　　　　　　　法　務　五　郎
```

```
別紙一
　　　　　　　目　　録

一　所　在　東京都千代田区霞が関一丁目
　　地　番　〇番〇号
　　地　目　宅地
　　地　積　〇平方メートル
　　　　　　　　　　　霞が関㊞

二　所　在　東京都千代田区九段南一丁目〇番〇号
　　家屋番号　〇番〇
　　種　類　居宅
　　構　造　木造瓦葺２階建て
　　床面積　１階　〇平方メートル
　　　　　　２階　〇平方メートル

　　　　　　　法　務　五　郎　㊞

　　　　上記二中、三字削除三字追加
　　　　　　　法　務　五　郎
```

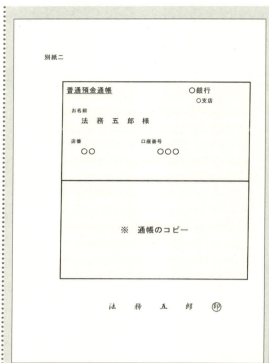

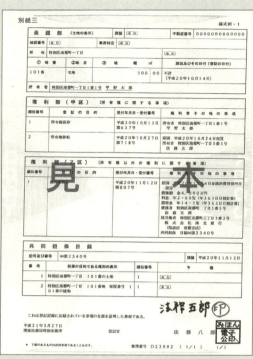

別紙四
　　　　　　目　録

　私名義の株式会社法務組の株式　　12000株

　　　　　法　務　五　郎　㊞

（出典：法務省ホームページ 法制審議会民法（相続関係）部会 第25回会議 参考資料）

3．遺留分制度の見直し

遺留分減殺請求権の効力及び法的性質の見直しでは、遺留分侵害額請求権の行使について、民法第1031条の規律を次のように改めるものとする。

(1) 遺留分権利者及びその承継人は、受遺者（特定財産承継遺言により財産を承継し又は相続分の指定を受けた相続人を含む。）又は受贈者に対し、遺留分侵害額に相当する金銭の支払いを請求することができる。

(2) 遺留分の算定方法の見直しでは、遺留分を算定するための財産の価額に関する規律のうち、相続人に対する生前贈与の範囲に関する規律において、民法第1030条に次の規律を付け加えるものとする。

　相続人に対する贈与は、相続開始前の10年間にされたものに限り、その価額を、遺留分を算定するための財産の価額に算入する。

（注）相続人以外の者に対する贈与は、相続開始前の１年間にされたものに限り、また、相続人に対する贈与については、相続開始前の10年間にされたものに限り、原則として算入する。

以上のように、遺留分の減殺請求権に関する制度が改正されると、以下のような問題点が解消することが期待されます。

① 遺留分減殺請求が申し立てられると、すべての財産が相続人による共有状態になってしまい、すぐに分けられなくなります。最悪の場合、共有状態の財産を分割するための訴訟（共有物分割訴訟）に至ることもあります。

　→ **遺留分に満たない分は現金（金銭債権）で受け取れることにしたことから、共有物分割訴訟は起きなくなることが期待されます。**

② 相当以前の贈与でも、相続人に対するものは原則として遺留分の算定基礎財産とされることから、相続人に対する生前贈与が無意味なものになることが危惧されます。

　→ **相続人に対する贈与については、相続開始前の10年間にされたものに限り、原則として算入することとされ、時間の経過とともに法的安定性は高まることが期待できます。**

　※ 公布の日から起算して１年を越えない範囲内において政令で定める日から施行するとしています。

4．配偶者保護のための方策（持戻し免除の意思表示の推定規定）

婚姻期間が20年以上の夫婦の一方である被相続人が、他の一方に対し、その居住の用に供する建物又はその敷地について遺贈又は贈与をしたときは、民法第903条第３項の持戻し免除の意思表示があったものと推定する、としています。

これによって、配偶者は相続することができる財産が多くなります。

　※ 公布の日から起算して２年を越えない範囲内において政令で定める日から施行するとしています。

【設例】
1．被相続人　夫
2．相続人　　妻・長男
3．相続財産　居住用不動産　2,000万円（妻は夫から贈与税の配偶者控除の適用を受け、
　　　　　　　　　　　　　　　　　その後夫が死亡した）
　　　　　　その他の財産　4,000万円
4．遺産分割
　①　改正前
　　　夫のみなし相続財産は、妻への居住用不動産を含む6,000万円とされる。
　　　そのため、法定相続分によって相続することになると、妻は生前贈与を受けた居住用財産とその他の財産1,000万円、長男はその他の財産3,000万円を相続することができる。
　②　改正後
　　　夫から生前贈与を受けた居住用不動産は遺産分割対象とされないことから、妻は居住用不動産及びその他の財産2,000万円を、長男はその他の財産2,000万円を相続することができる。

第2章

10の事例で検証する
「遺言書作成時に気をつけたい税金の問題」

　相続対策では、遺言書の作成は必須事項であると考えます。そのため、多くの人が遺言書を作成し、相続争いの防止に役立てていると予想されます。
　しかし、遺言書作成時に、相続税等の負担軽減について考慮されないまま作成される事例も少なくありません。
　そこで、遺言書作成時に気をつけたい税金の問題について、頻度の高いものを選択して解説することとします。なお、解説で表現している遺言書の文面は、その遺言の意図が分かれば良いと考え、一般に遺言書に記載されている文面とは異なりますので、その旨ご了承ください。

事例1　居住用不動産については、妻○○に相続させる

●ポイント

　小規模宅地等の特例の適用対象者が配偶者以外にもいる場合に、配偶者が特定居住用宅地等として小規模宅地等の特例の適用を受けることで、配偶者の相続（第二次相続）を含む通算相続税の負担が重くなる可能性が考えられます。

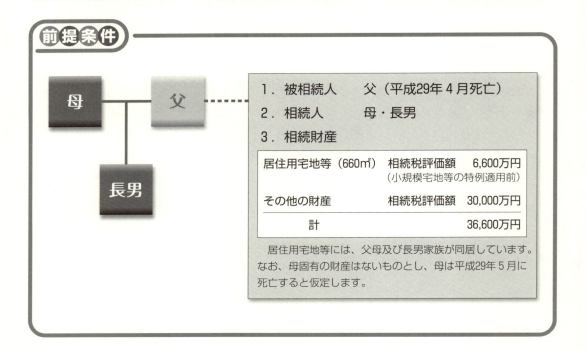

配偶者が相続した宅地等から小規模宅地等の特例を選択すると通算相続税が重くなる

　小規模宅地等の特例の適用を受ける場合には、配偶者が相続した宅地等に適用しないようにしたほうが、相続税の負担は軽減されます。なぜなら、配偶者が取得した宅地等から小規模宅地等の特例の適用を受ける場合で、配偶者が法定相続分（又は16,000万円）以上相続するときは、第一次相続における相続税額は変わりませんが、第二次相続までの通算相続税で比較すると大きな負担額の差が生じます。そのことを、ケース1・ケース2で確認してみます。

第2章●10の事例で検証する「遺言書作成時に気をつけたい税金の問題」

ケース1 遺言書で居住用宅地等は母に、その他の財産は母と長男に $\frac{1}{2}$ ずつ相続させるとしている場合

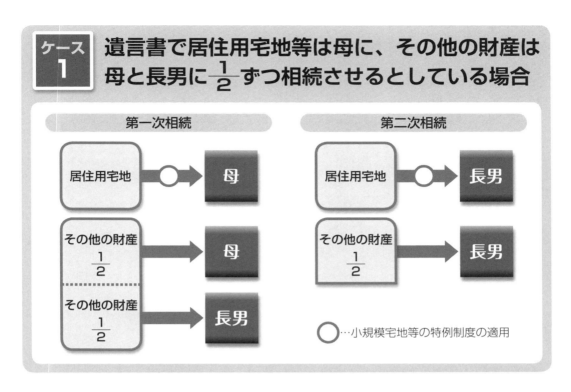

◯…小規模宅地等の特例制度の適用

◆ 遺産分割

(単位：万円)

相続財産	通常の評価額	小規模宅地等の減額後評価額	第一次相続 相続人	第一次相続 財産額	第二次相続 相続人	第二次相続 財産額
居住用宅地等	6,600	3,960(注1)	母	3,960	長男	3,960(注2)
その他の財産	30,000	15,000	母	15,000	長男	15,000
		15,000	長男	15,000	—	—
合　計	36,600	33,960	—	33,960	—	18,960

(注1) 6,600万円 −（6,600万円 × 330㎡ ÷ 660㎡ × 0.8）= 3,960万円
(注2) 第二次相続では、母が相続した居住用宅地等は、一度通常の評価額6,600万円に戻り、改めて小規模宅地等の特例の適用を受けることとなります。

◆ 相続税の計算

(単位:万円)

	第一次相続		第二次相続
	母	長男	長男
居住用宅地等	3,960	—	3,960
その他の財産	15,000	15,000	15,000
第一次相続の相続税	—	—	△496
課税価格	18,960	15,000	18,464
相続税の総額	8,504		4,246
各人の算出税額	4,748	3,756	4,246
配偶者の税額軽減額	△4,252	—	—
相次相続控除額(注)	—	—	△496
納付すべき税額	496	3,756	3,750
通算相続税	8,002		

(注) 496万円 × {18,464万円 ÷ (18,960万円 − 496万円)} × (18,464万円 ÷ 18,464万円) × (10年 − 0年) ÷ 10年
= 496万円

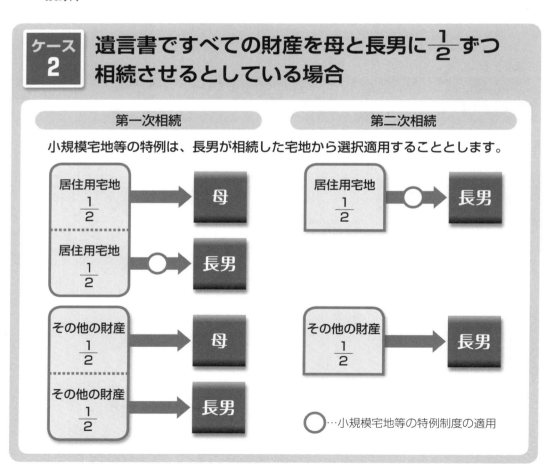

◆ 遺産分割
(単位：万円)

相続財産	通常の評価額	小規模宅地等の減額後評価額	第一次相続 相続人	第一次相続 財産額	第二次相続 相続人	第二次相続 財産額
居住用宅地等	6,600	3,300	母	3,330	長男	660（注）
		660（注）	長男	660		―
その他の財産	30,000	15,000	母	15,000		15,000
		15,000	長男	15,000		―
合　計	36,600	33,960	―	33,960	―	15,660

（注） 3,300万円 －（3,300万円 × 330㎡ ÷ 330㎡ × 0.8）= 660万円

◆ 相続税の計算
(単位：万円)

	第一次相続 母	第一次相続 長男	第二次相続 長男
居 住 用 宅 地 等	3,300	660	660
そ の 他 の 財 産	15,000	15,000	15,000
第一次相続の相続税	―	―	△331
課 税 価 格	18,300	15,660	15,329
相 続 税 の 総 額	8,504		2,992
各人の算出税額	4,583	3,921	2,992
配偶者の税額軽減額	△4,252	―	―
相次相続控除額（注）	―	―	△282
納付すべき税額	331	3,921	2,710
通 算 相 続 税	6,962		

（注） 331万円 × ｛15,329万円 ÷（18,300万円 － 331万円）｝×（15,329万円 ÷ 15,329万円）×（10年 － 0年）÷ 10年
= 282万円

　ケース1及びケース2のいずれの場合でも、第一次相続では小規模宅地等の特例適用後の課税価格で母が法定相続分以上相続していますので、第一次相続において最も相続税負担が軽減されています。

　ケース1では、第一次相続で母が小規模宅地等の特例（特例限度面積を超える部分については、通常の評価額となります。）の適用を受け、第二次相続のときには、居住用宅地等は一旦通常の評価額6,600万円で評価され、その後、その宅地等について、長男が小規模宅地等の特例の適用を受けることにより3,960万円の評価になり、その他の財産15,000万円を合わせて長男の課税価格は18,960万円（債務控除前）となります。

　しかし、ケース2では、第一次相続で母は通常の評価額で居住用宅地等を相続していますが、第二次相続では長男が相続するときに、母の居住用宅地等の持分について小規模宅

地等の特例を受けることで、長男の課税価格は15,660万円（債務控除前）となります。

その結果、相続税負担は、ケース１とケース２とを比較すると、第二次相続まで通算した相続税額はケース２のほうが1,040万円（8,002万円－6,962万円）少なくなります。

以上の結果から、母は可能な限り相続した宅地等について、小規模宅地等の特例の適用を受けないように特例選択すれば、相続税負担は大きく軽減されます。

小規模宅地等の特例の適用は、相続人等の全員の合意による選択に委ねられていますが、一度選択した特例対象宅地等は、原則として他の宅地等への変更はできません。そのため、誰が相続した宅地等でその特例の適用を受けるか慎重に検討しなければなりません。

●知識

小規模宅地等についての相続税の課税価格の計算の特例制度の概要

個人が、相続又は遺贈により取得した財産のうち、その相続の開始の直前において被相続人等の事業の用に供されていた宅地等又は被相続人等の居住の用に供されていた宅地等のうち、一定の選択をしたもので限度面積までの部分については、相続税の課税価格に算入すべき価額の計算上、一定の割合を減額します。この特例を小規模宅地等についての相続税の課税価格の計算の特例といいます。

なお、相続開始前３年以内に贈与により取得した宅地等や、相続時精算課税に係る贈与により取得した宅地等については、この特例の適用を受けることはできません。

また、平成30年４月以後に相続又は遺贈により取得した財産については、「被相続人の貸付事業の用に供されていた宅地等」の範囲から、相続開始前３年以内に貸付事業の用に供されていた宅地等が除外されるものとなっています。

ただし、この場合であっても、相続開始前３年を超えて事業的規模で貸付事業を行っている者が当該貸付事業の用に供しているものは除かれます。

（注１）被相続人等とは、被相続人又は被相続人と生計を一にしていた被相続人の親族をいいます。
（注２）宅地等とは、土地又は土地の上に存する権利で、建物又は構築物の敷地の用に供されているものをいいます。
　　　　ただし、棚卸資産及びこれに準ずる資産に該当しないものに限られます。

◆ 小規模宅地等の特例制度の概要

小規模宅地等については、相続税の課税価格に算入すべき価額の計算上、次の表に掲げる区分ごとに一定の割合を減額します。

相続開始の直前における宅地等の利用区分			要件	限度面積	減額割合
被相続人等の事業の用に供されていた宅地等	貸付事業以外の事業用の宅地等	①	特定事業用宅地等に該当する宅地等	400㎡	80%
	貸付事業用の宅地等	一定の法人に貸し付けられ、その法人の事業（貸付事業を除く）用の宅地等	②	特定同族会社事業用宅地等に該当する宅地等	400㎡	80%
			③	貸付事業用宅地等に該当する宅地等	200㎡	50%
		一定の法人に貸し付けられ、その法人の貸付事業用の宅地等	④	貸付事業用宅地等に該当する宅地等	200㎡	50%
		被相続人等の貸付事業用の宅地等	⑤	貸付事業用宅地等に該当する宅地等	200㎡	50%
被相続人等の居住の用に供されていた宅地等			⑥ 特定居住用宅地等に該当する宅地等	330㎡	80%

（注）特定事業用等宅地等と特定居住用宅地等との完全併用が認められますが、貸付事業用宅地等を選択する場合には、適用限度面積の調整が必要とされます。その場合、貸付事業用宅地等の「限度面積」については、以下の算式によって求められます。

200㎡ －（A × 200㎡ ÷ 400㎡ ＋ B × 200㎡ ÷ 330㎡）＝ 貸付事業用宅地等の限度面積

A：「特定事業用宅地等」、「特定同族会社事業用宅地等」の面積の合計（①＋②）
B：「特定居住用宅地等」の面積の合計（⑥）

事例2 ● 長男△△、妻○○にそれぞれ不動産と現預金を分割して相続させる

●ポイント

長男が相続した不動産を物納しようと考える場合に、現預金も相続しているため、金銭納付困難事由に該当しないことになると思われます。

前提条件

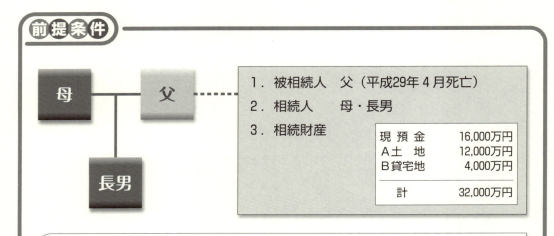

1. 被相続人　父（平成29年4月死亡）
2. 相続人　　母・長男
3. 相続財産

現預金	16,000万円
A土地	12,000万円
B貸宅地	4,000万円
計	32,000万円

遺言書による指定
・ケース1：現預金は母に、不動産は長男に相続させる。
・ケース2：母には、現預金1億円とA土地の$\frac{1}{2}$を、長男には、現預金6,000万円、A土地の$\frac{1}{2}$、B貸宅地を相続させる。

相続した現預金が多額にあると物納の選択が困難に

　長男が相続した不動産を物納したいと考える場合には、金銭納付困難事由が必要となります。すなわち、相続税を現金で納付する（延納によっても困難）ことができない場合に限り、物納が認められます。

　実務では、貸宅地のような相続人にとって処分したいと考える土地などを相続税の物納に充てることができれば、不良（？）資産の整理に役立てる選択肢が考えられます。

　しかし、相続した現預金が多額にあるとその選択が困難となります。

第2章●10の事例で検証する「遺言書作成時に気をつけたい税金の問題」

ケース1 遺言書で現預金は母に、不動産は長男に相続させるとしている場合

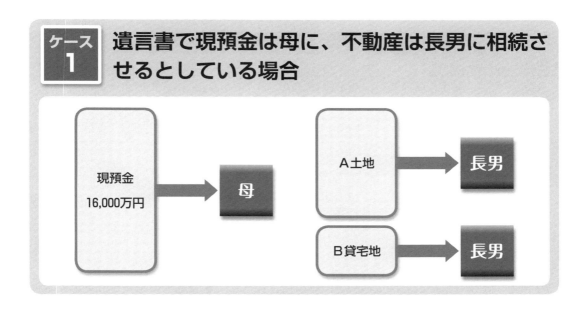

ケース2 遺言書で母に現預金1億円とA土地の$\frac{1}{2}$を、長男に現預金6,000万円とA土地の$\frac{1}{2}$、B貸宅地を相続させるとしている場合

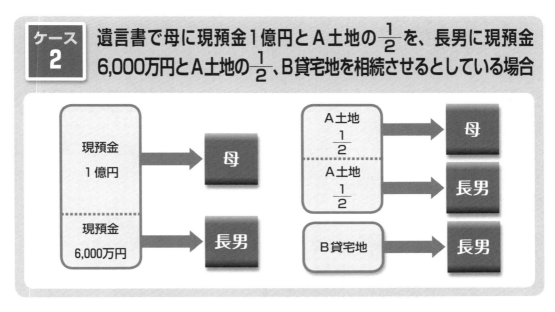

(単位：万円)

	ケース１		ケース２	
	母	長男	母	長男
現 預 金	16,000	—	10,000	6,000
Ａ 土 地	—	12,000	6,000	6,000
Ｂ 貸 宅 地	—	4,000	—	4,000
課 税 価 格	16,000	16,000	16,000	16,000
相 続 税 の 総 額	7,720		7,720	
各人の算出税額	3,860	3,860	3,860	3,860
配偶者の税額軽減額	△3,860	—	△3,860	—
相 続 税 額	0	3,860	0	3,860

　ケース１によれば、長男は金銭納付困難事由に該当し、Ｂ貸宅地の物納が許可される可能性が高いと考えられます。その場合、超過物納になり140万円が金銭で還付されます。
　一方、ケース２によると、相続した現金で一時納付が可能と思われることから物納申請は却下されることになります。このように、遺産分割のあり方によって物納許可の可否が異なることになります。

●知識

物納の要件

　租税は、金銭での納付が原則ですが、相続税については、遺産取得課税という性格上、金銭納付の例外として、一定の相続財産による物納が認められています。物納の許可を受けるためには、次に掲げるすべての要件を満たしていなければなりません。

　　① 延納によっても金銭で納付することが困難な金額の範囲内であること
　　② 物納申請財産が定められた種類の財産で申請順位（◆）によっていること
　　③ 物納申請書及び物納手続関係書類を期限までに提出すること
　　④ 物納申請財産が物納適格財産であること

◆ 物納財産の順位

順　位	物納に充てることのできる財産の種類（平成29年４月１日以後の物納申請）
第１順位	①不動産、船舶、国債証券、地方債証券、上場株式等（特別の法律により法人の発行する債券及び出資証券を含み、短期社債等を除く。）
	②不動産及び上場株式のうち物納劣後財産に該当するもの
第２順位	③非上場株式等（特別の法律により法人の発行する債券及び出資証券を含み、短期社債等を除く。）
	④非上場株式のうち物納劣後財産に該当するもの
第３順位	⑤動産

第2章●10の事例で検証する「遺言書作成時に気をつけたい税金の問題」

事例3 前条に記載のない財産については、長男○○に相続させる

●ポイント

遺言書に記載がなく、税務調査で新たに発見された遺産を配偶者が相続すれば、配偶者の税額軽減の規定によって納付税額を少なくする工夫ができます。

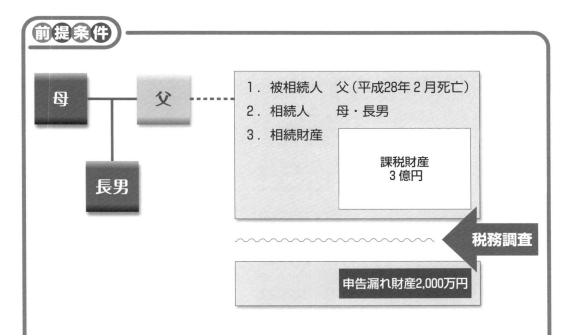

1．期限内申告の状況

（単位：万円）

	母	長男	合計
課 税 価 格	15,000	15,000	30,000
相 続 税 の 総 額	6,920		6,920
各 人 の 算 出 税 額	3,460	3,460	6,920
配偶者の税額軽減	△3,460	ー	△3,460
納付すべき相続税額	0	3,460	3,460

2．税務調査により申告漏れ財産2,000万円が発見された

未認識の財産についての遺言指定は要考慮

　平成28年事務年度における相続税の税務調査は、相続税の申告件数に対して約21％程度実施されました。そのうち、約82％が修正申告となっていて、相続税額も591万円の追徴課税となっています。

　修正申告に当たり、申告漏れ財産を誰が相続するかによって、納付すべき相続税にも差異が生じます。配偶者が相続すれば、原則として、配偶者の税額軽減の規定の適用を受けられることから、今回の税務調査における税負担の軽減に役立ちます。

　そのため、新たに発見された遺産を包括的に長男が相続できるように遺言書で指定しておくよりも、遺産分割によって配偶者が相続するほうが税務上は有利に働くことがあると思います。（ただし、その場合、新たに遺産分割協議書の作成が必要となるため、共同相続人間で分割協議がまとまらないことも予想されます。）

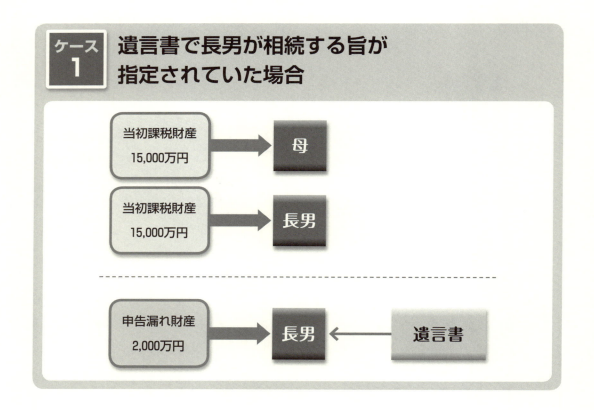

ケース1　遺言書で長男が相続する旨が指定されていた場合

- 当初課税財産 15,000万円 → 母
- 当初課税財産 15,000万円 → 長男
- 申告漏れ財産 2,000万円 → 長男 ← 遺言書

第2章●10の事例で検証する「遺言書作成時に気をつけたい税金の問題」

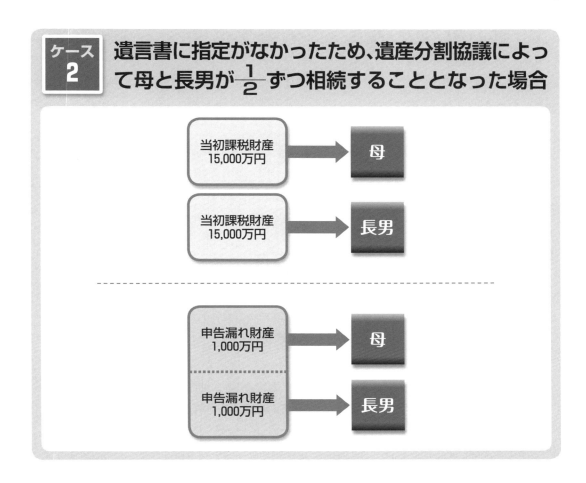

ケース2 遺言書に指定がなかったため、遺産分割協議によって母と長男が $\frac{1}{2}$ ずつ相続することとなった場合

◆ 相続税の計算

(単位：万円)

	ケース1			ケース2		
	母	長男	合計	母	長男	合計
当初申告の課税価格	15,000	15,000	30,000	15,000	15,000	30,000
申 告 漏 れ 財 産	―	2,000	2,000	1,000	1,000	2,000
修正申告による課税価格	15,000	17,000	32,000	16,000	16,000	32,000
相 続 税 の 総 額	7,720		7,720	7,720		7,720
各 人 の 算 出 税 額	3,619	4,101	7,720	3,860	3,860	7,720
配偶者の税額軽減	△3,619	―	△3,619	△3,860	―	△3,860
納付すべき相続税額	0	4,101	**4,101**	0	3,860	**3,860**

●参考　平成27年10月2日裁決

　遺産分割協議書に「前条に記載のない全財産は○○が相続する」と記載されている場合に、新たに税務調査で発見された多額の定期預金は、その協議書に従ってその者が相続することになるのかについて以下のような判断を示しています。

> ……遺産分割協議書に個別的な記載がなされなかった主要な相続財産以外の財産について、再度の遺産分割協議を行わなくても済むように、同協議書に個別的な記載のない財産の帰属者についても触れておくということが実務上見受けられ……（略）
> 　一般に、個別的財産の遺産分割を定める条項により各人が取得する財産以外の財産を一部の者に取得させる旨の条項のようなものは、個別的財産の遺産分割による取得を定めた条項を設けた上での補充的なものであって、失念していた財産や家財道具を被相続人と同居していた家族等の適当な者に取得させるために用いられるものと考えられ、個別的な記載のない相当高額な財産については、当該補充的条項にその高額な財産をも含める旨合意されているなどの特別の事情がない限り、含まれないと解するのが自然である。
> ……（略）
> たとえ本件条項に形式的に「上記相続人が取得する以外の全財産」との文言があったとしても、それのみをもって本件各定期預金が妻Gに帰属すると解することは妥当ではない。本件各定期預金につき本件条項の適用があるとするためには、本件分割協議書の作成時に、請求人らの間において、本件各定期預金について本件条項の「全財産」に当たる旨の合意が認められることが必要である……

　以上のことから、遺産分割協議書に個別的に記載されていない財産が発見された場合に、その金額が相当高額であるときは、共同相続人間においてその財産を「記載のない全財産」に含める旨の合意があると認められる場合を除き、新たに遺産分割協議によってその財産の取得者を決めることが必要です。また、相続財産として課税されることになります。

第2章●10の事例で検証する「遺言書作成時に気をつけたい税金の問題」

妻○○には、法定相続分に相当する遺産を相続させる

●ポイント

第二次相続まで考慮した場合、通算相続税額が重くなることが予想されます。

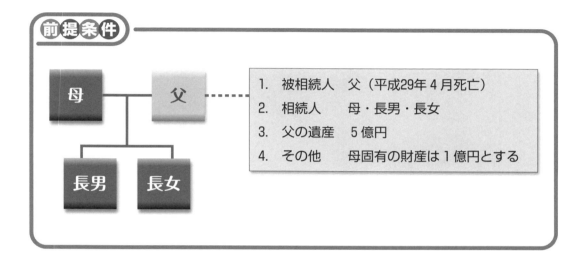

第一次相続及び第二次相続の相続税を通算して相続割合を判定

　相続又は遺贈により財産を取得した者が被相続人の配偶者であるときは、一定の要件のもとにその配偶者の相続税額が軽減されます。

　そこで、今回（第一次相続）の納付すべき相続税額を最も少なくするには、配偶者が相続する財産の価額を、法定相続分以上又は16,000万円（配偶者と子が相続人の場合は遺産額が32,000万円以下のとき）以上にすればよいことになります。

　しかし、第一次相続に続いてその配偶者の相続（第二次相続）が同じ年に連続して発生した場合や、又は発生しそうなときには、配偶者が第一次相続において、いくら遺産を相続すれば有利かについては、第一次相続及び第二次相続の相続税を通算して判定する必要があります。

　同一年中に連続して相続が発生した次の設例（被相続人の遺産が5億円で、残存配偶者に固有の財産が1億円ある場合）では、同一年中に相続が発生したことによる相次相続控除を考慮すると、配偶者が第一次相続の財産の10％を相続すれば第一次及び第二次相続における通算相続税額は最も少なくなります。

1年以内に第二次相続が発生する場合

第一次相続

相続財産：母、長男、長女
どの割合が有利…？
相続財産：母、長男、長女

◆ 相続税の計算

(単位：万円)

相続割合 母：子	第一次相続の税額 ①母	第一次相続の税額 ②子	第二次相続の税額 ③1年以内に相続発生	合計税額 ①+②+③
10：0	6,555	0	(注3) 10,205	16,760
9：1	5,244	1,311	9,856	16,411
8：2	3,933	2,622	9,507	16,062
7：3	2,622	3,933	9,249	15,804
6：4	1,311	5,244	9,084	15,639
5：5	0	6,555	8,920	15,475
4：6	0	7,866	6,920	14,786
3：7	0	9,177	4,920	14,097
2：8	0	10,488	3,340	13,828
1：9	0	11,799	1,840	13,639
0：10	0	13,110	770	13,880

(留意事項)
(注1) 相続税額は、平成29年4月現在の税制によっています。
(注2) 子は、各人均等に相続するものとして計算しています。
(注3) 税額控除等は、配偶者の税額軽減及び相次相続控除額のみとして計算しています。
※ 計算内容の例示
　（5億円＋1億円－6,555万円）－4,200万円＝49,245万円（第二次相続時の課税遺産総額）
　（49,245万円×$\frac{1}{2}$×45％－2,700万円）×2人＝16,760万円（第二次相続の相続税の総額）
　16,760万円－6,555万円（相次相続控除額）＝10,205万円（第二次相続の税額）

第2章 ●10の事例で検証する「遺言書作成時に気をつけたい税金の問題」

事例5　長男○○に、すべての財産を相続させる
ただし、長男はその代償として障害者である二男の生活の面倒を生涯みることとする

●ポイント

障害者である二男が、相続又は遺贈によって財産を取得していないため、障害者控除の規定の適用を受けることができません。

1. 被相続人　　父　（平成29年4月死亡）
2. 相続人　　　長男
　　　　　　　二男（32歳・特別障害者）
3. 父の相続財産　課税価格　20,000万円
4. 相続税の総額　　　　　　3,340万円

遺言書による指定
・ケース1：　長男がすべての財産を相続する
・ケース2：　長男が19,800万円を、二男は200万円を相続する

障害者控除を受けるためには財産取得者でなければならない

障害者控除の適用を受けるためには、法定相続人である障害者が相続又は遺贈により財産を取得していなければなりません。また、この規定は、控除額を障害者の算出相続税額から控除しても控除しきれない金額があった場合に、その扶養義務者の算出相続税額からその控除不足税額を控除することができることとされていますが、この場合も、大前提として、その障害者が「相続又は遺贈により取得した者」であるという要件を満たしている必要があります。

以下ケース1・ケース2により、障害者が相続又は遺贈により、財産を取得した場合と取得しなかった場合の相続税の取扱いを比較してみます。

ケース1 遺言書で長男がすべての財産を相続するとしている場合

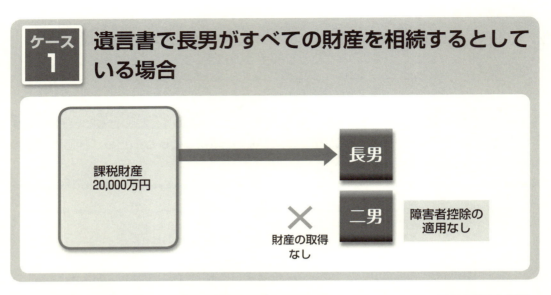

ケース2 遺言書で長男が19,800万円を、二男は200万円を相続するとしている場合

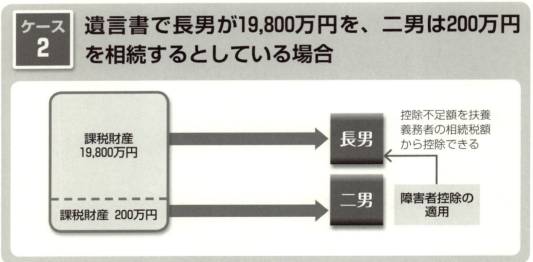

◆ 相続税の計算

(単位：万円)

	ケース1 長男	ケース1 二男	ケース2 長男	ケース2 二男
課 税 価 格	20,000	0	19,800	200
あ ん 分 割 合	1.00	—	0.99	0.01
算 出 相 続 税 額	3,340	0	3,307	33
障害者控除（本人分）	—	0	—	△33
障害者控除（不足分）	0	—	△1,027	—
納 付 相 続 税 額	3,340	0	2,280	0
納 付 税 額 の 合 計	3,340		2,280	

ケース1では、障害者である二男が相続又は遺贈により財産を取得していないため、障害者控除の適用を受けることができません。したがって、扶養義務者である長男の相続税額から控除することもできません。

ケース2によると、二男は、法定相続人で、かつ、相続によって財産を取得し、特別障害者に該当するため、最高1,060万円まで障害者控除の適用を受けることができます。

> 障害者控除……20万円×（85歳－32歳）＝1,060万円

ただし、障害者控除額をその障害者の相続税額から控除しきれない場合は、その控除不足額をその障害者の扶養義務者の算出相続税額から控除できることとされています。

この場合、二男が受けることができる障害者控除の金額は、算出相続税額の33万円となり、控除不足額が1,027万円生じますが、この控除不足額については、扶養義務者である長男の相続税から控除することができます。

二男の障害者控除額　1,060万円＞33万円　→　33万円
長男の障害者控除額　①　1,060万円－33万円＝1,027万円（控除不足額）
　　　　　　　　　　②　3,307万円
　　　　　　　　　　③　①＜②　∴1,027万円

(注)「扶養義務者」とは、配偶者並びに民法の規定による直系血族及び兄弟姉妹並びに家庭裁判所の審判を受けて扶養義務者となった三親等内の親族をいいます。これらの者のほか三親等内の親族で生計を一にする者については、家庭裁判所の審判がない場合であってもこれに該当するものとして取り扱うものとされています。なお、上記扶養義務者に該当するかどうかの判定は、相続税にあっては相続開始の時の状況によって判定します。

●知識

障害者控除の概要

障害者控除は、<u>相続又は遺贈により財産を取得した者</u>がその相続又は遺贈に係る被相続人の法定相続人に該当し、かつ、障害者に該当する場合に適用される税額控除で、障害者については10万円（特別障害者は20万円）に85歳に達するまでの年数を乗じて算出した金額をそれぞれ控除した金額をもって、その納付すべき相続税額とするとしています。

その場合に、控除を受けることができる金額がその控除を受ける者の相続税額を超えるとき（控除不足額があるとき）は、その控除不足額を扶養義務者の相続税額から控除できることとしています。

これらの規定は、障害者は一般の人より生活費等が多くかかることなどを配慮した規定であるといわれています。そのため、本人の相続税額から控除できない部分は、扶養義務者の相続税額から控除することが認められているのです。

事例6　**○○の宅地は、長男と長女にそれぞれ $\frac{1}{2}$ ずつ共有で（又は $\frac{1}{2}$ に分割して）相続させる**

● ポイント

　相続、遺贈又は贈与により取得した土地については、原則として、その取得した土地ごとに評価します。すなわち、被相続人の相続発生時の状態で評価するのではなく、相続後の取得者ごとに、かつ利用単位ごとに評価します。その結果、相続のあり方次第で相続税にも差異が生じます。

　例えば、その土地が「地積規模の大きな宅地」に該当する場合に、その土地を共同相続人間で分割して相続すると、地積規模の大きな宅地に該当しなくなり、その土地の相続税評価額が高く評価される可能性が考えられます。

前提条件Ａ

土地が正面と裏面の二方に道路がある駐車場である場合

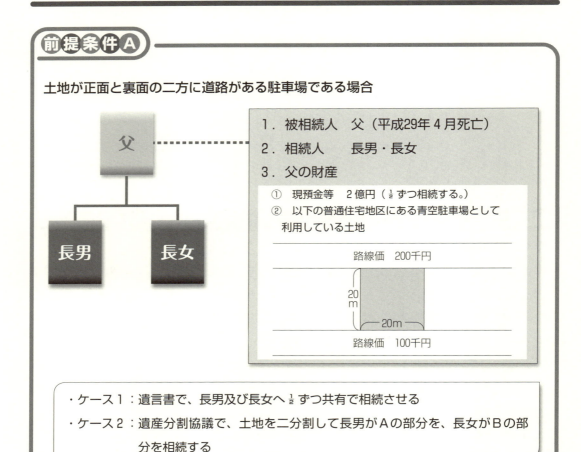

1. 被相続人　父（平成29年4月死亡）
2. 相続人　　長男・長女
3. 父の財産
　① 現預金等　2億円（½ずつ相続する。）
　② 以下の普通住宅地区にある青空駐車場として利用している土地

　　路線価　200千円
　　20m × 20m
　　路線価　100千円

・ケース1：遺言書で、長男及び長女へ½ずつ共有で相続させる
・ケース2：遺産分割協議で、土地を二分割して長男がＡの部分を、長女がＢの部分を相続する

土地の価額は、1画地の土地（利用の単位となっている1区画の土地をいいます。）ごとに評価します。
　例えば、空閑地を相続人間で分割して取得し、相続人ごとに異なる利用であれば、不合理な分割でない限り、遺産分割後の利用単位に応じ評価することができます。
　そこで、正面と裏面の二方の道路に接している土地や角地などを分割する場合、複数の相続人が共有で相続すると二方路線影響加算や側方路線影響加算があり、1㎡当たりの土地の相続税評価額が高くなります。
　しかし、ケース2のような分割をすると、それぞれの土地がそれぞれの路線価を正面路線価として評価され、土地の評価額を引下げることができます。

ケース1 遺言書で、長男及び長女へ$\frac{1}{2}$ずつ共有で相続させるとしている場合

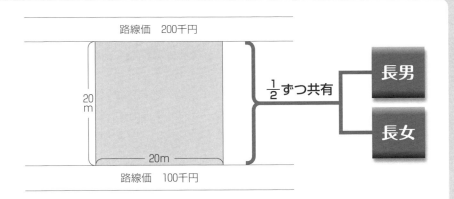

● 奥行価格補正率（20 m：1.00・10m：1.00）・二方路線影響加算率　0.02

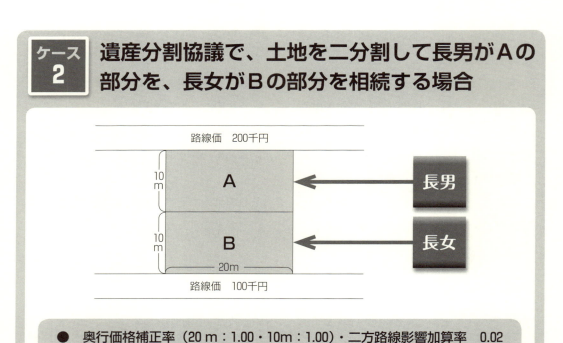

◆ 青空駐車場の相続税評価額

ケース1　遺言書による指定	ケース2　分割協議による場合
㋐　1㎡当たりの価格の計算	
20万円×1.00＝20万円 20万円＋（10万円×1.00×0.02）＝202,000円	A　20万円×1.00＝20万円 B　10万円×1.00＝10万円
㋑　評価額の計算	
202,000円×400㎡＝8,080万円	A　20万円×200㎡＝4,000万円 B　10万円×200㎡＝2,000万円 A　＋　B　＝6,000万円

◆ 相続税の計算

(単位：万円)

	ケース1　遺言書による指定		ケース2　分割協議による場合	
	長男	長女	長男	長女
現 預 金 等	10,000	10,000	10,000	10,000
青 空 駐 車 場	4,040	4,040	4,000	2,000
課 税 価 格	14,040	14,040	14,000	12,000
各人の相続税額	3,076	3,076	2,865	2,455
合 計 税 額	6,152		5,320	

前提条件B

土地が「地積規模の大きな宅地」にあたる駐車場である場合

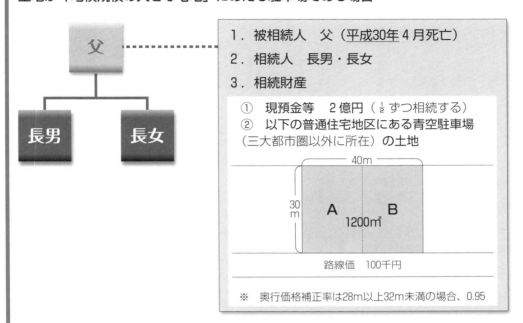

1. 被相続人　父（平成30年４月死亡）
2. 相続人　長男・長女
3. 相続財産
   ① 現預金等　２億円（½ずつ相続する）
   ② 以下の普通住宅地区にある青空駐車場（三大都市圏以外に所在）の土地

   ※ 奥行価格補正率は28m以上32m未満の場合、0.95

・ケース１：遺言書で、長男及び長女へ½ずつ共有で相続させる
・ケース２：遺産分割協議で、土地を二分割して長男がAの部分を、長女がBの部分を相続する

　土地の評価単位は、相続又は贈与によって取得した後の現況によって判定されます。
　そのため、例えば被相続人が１つの評価単位として利用していた駐車場用地を相続によって相続人が２分割して相続すると、その土地の評価単位は２つになり、地積規模の大きな宅地としての面積基準（三大都市圏の場合500㎡、三大都市圏以外の地域の場合1,000㎡）を満たさなくなると、その土地の相続税評価額が高く算定されます。

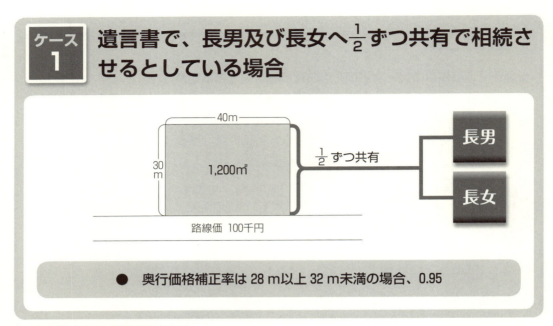

◆ 青空駐車場の相続税評価額

地積規模の大きな宅地に該当し、規模格差補正率（※）を乗じて評価する

100千円×0.95×0.78（※）＝7.4万円

7.4万円×1,200㎡＝8,880万円

※ （1,200㎡×0.90＋100）÷1,200㎡×0.8＝0.78（小数点以下2位未満切捨て）

※ 「規模格差補正率」は、下記の算式により計算します。

【算式】　規模格差補正率＝ $\dfrac{Ⓐ×Ⓑ＋Ⓒ}{地積規模の大きな宅地の地積（Ⓐ）}$ ×0.8

（注）上記算式により計算した規模格差補正率は、小数点以下第2位未満を切り捨てます。
　　上の算式中の「Ⓑ」及び「Ⓒ」は、地積規模の大きな宅地の所在する地域に応じて、それぞれ次表のとおりとしています。

① 三大都市圏に所在する宅地

地積㎡ 記号 地区区分	普通商業・併用住宅地区、普通住宅地区	
	Ⓑ	Ⓒ
500以上　1,000未満	0.95	25
1,000 〃　3,000 〃	0.90	75
3,000 〃　5,000 〃	0.85	225
5,000 〃	0.80	475

② 三大都市圏以外の地域に所在する宅地

地積㎡ 記号 地区区分	普通商業・併用住宅地区、普通住宅地区	
	Ⓑ	Ⓒ
1,000以上　3,000未満	0.90	100
3,000 〃　5,000 〃	0.85	250
5,000 〃	0.80	500

ケース2 遺産分割協議で、土地を二分割して長男がAの部分を、長女がBの部分を相続する場合

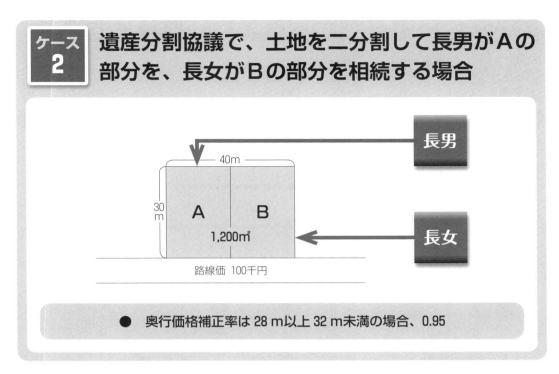

- 奥行価格補正率は28m以上32m未満の場合、0.95

◆ 青空駐車場の相続税評価額

　AとBは2つの評価単位と判定され、地積規模の大きな宅地に該当しない

　A　100千円×0.95×600㎡＝5,700万円
　B　100千円×0.95×600㎡＝5,700万円

◆ 相続税の計算

（単位：万円）

	ケース1 遺言書による指定 長男	ケース1 遺言書による指定 長女	ケース2 分割協議による場合 長男	ケース2 分割協議による場合 長女
現預金等	10,000	10,000	10,000	10,000
青空駐車場	4,440	4,440	5,700	5,700
課税価格	14,440	14,440	15,700	15,700
各人の相続税額	3,236	3,236	3,740	3,740
合計税額	6,472		7,480	

　ただし、2人以上の子が共有不動産として相続することにする遺言は、将来、当該不動産の収益、処分、分割等をめぐって紛争を招く危険があるので注意する必要があります。

事例7　後継者である長男に、自社株を全株相続させる

●ポイント

自社株の相続税評価額が、その後大きく値下がりすると予想される場合には、配偶者に相続させることも検討に値します。

前提条件

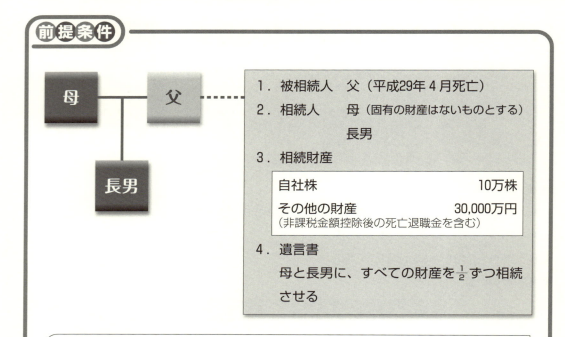

1. 被相続人　父（平成29年4月死亡）
2. 相続人　母（固有の財産はないものとする）
　　　　　長男
3. 相続財産

自社株	10万株
その他の財産	30,000万円
（非課税金額控除後の死亡退職金を含む）	

4. 遺言書
　母と長男に、すべての財産を $\frac{1}{2}$ ずつ相続させる

自社株の状況

(1) 資本金　　　1,000万円（発行済株式総数　20万株）
(2) 会社区分等　大会社・3月末決算
(3) 配当　　前期・当期とも無配。今後も無配を続けることとする。
(4) 直前期末（平成29年3月31日）の利益金額（当期以後も同額とする。）
　　16,000万円
(5) 直前期末の簿価純資産価額　60,000万円
(6) 類似業種の株価等（平成29年度以降も変動がないものと仮定する。）
　　株価500円・配当金4円・利益金額40円・純資産価額600円
(7) その他
　①　死亡退職金（適正額）16,000万円を平成29年10月に支給した。

② 法人税等の税率は35％と仮定する。
③ 純資産価額方式による純資産価額は、類似業種比準価額を常に上回るものと仮定する。

(8) 相続発生時の株価
500円×｛(0÷4＋800÷40＋3,000÷600)÷3｝×0.7＝2,915円

(9) 平成30年4月～平成31年3月までの株価
500円×｛(0÷4＋0÷40＋3,032÷600)÷3｝×0.7＝588円

＊1株当たりの利益金額（1.6億円－1.6億円）÷20万株＝0円

＊1株当たりの純資産価額｛6億円＋(1.6億円－1.5億円)×(1－0.35)｝÷20万株＝3,032円

(10) 平成31年4月～平成32年3月までの株価
500円×｛(0÷4＋400÷40＋3,520÷600)÷3｝×0.7＝1,848円

＊1株当たりの利益金額｛(1.6億円－1.6億円)＋1.6億円｝÷2（期）÷20万株＝400円

＊1株当たりの純資産価額｛6億円＋(0円＋1.6億円)×(1－0.35)｝÷20万株＝3,520円

類似業種比準価額は直前期末の数値で計算される

　一般的に、自社株の生前対策として、推定被相続人が自社株を多く所有しており、会社規模区分が「大会社」や「中会社の大」など類似業種比準価額のウエイトが高く、かつ、利益比準要素の影響が大きいことが原因で自社株の相続税評価額が高い場合に、生前退職金を支払い、1株当たりの年利益金額を少なくして、自社株の引下げを図り、後継者へ自社株の移転を行う対策が少なからず行われていると思います。

　しかし、類似業種比準価額の計算は、課税時期が直後期末に極めて近い場合であっても必ず直前期末の数値を基に計算します。そのため、オーナー経営者が死亡し、死亡退職金を支給したことにより、その死亡の日の属する事業年度では、1株当たりの年利益金額が0円以下となり、自社株の相続税評価額が大きく下がることがわかっていても、類似業種比準価額は直前期末の数値で計算することとなります（◆**株価変動イメージ図** 参照）。

　そこで、相続人に配偶者がいる場合には、自社株をいったん配偶者が相続し、その後、死亡退職金などの支払いによって大きく相続税評価額が値下がりした自社株を、後継者である子へ贈与するなどの選択も考えられます。そのことで、第二次相続（配偶者の相続）の相続税を軽減することにつながります。

◆ 株価変動のイメージ図

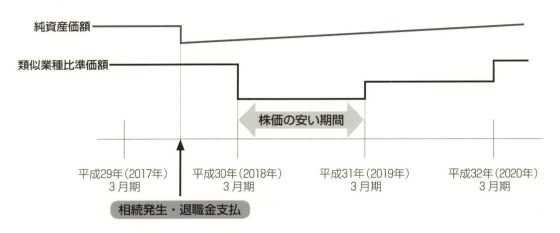

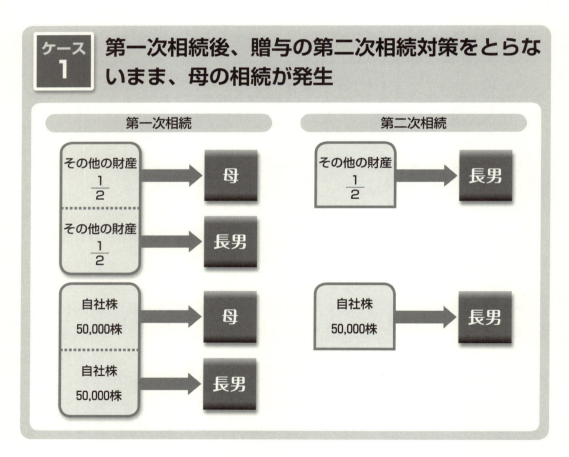

第2章●10の事例で検証する「遺言書作成時に気をつけたい税金の問題」

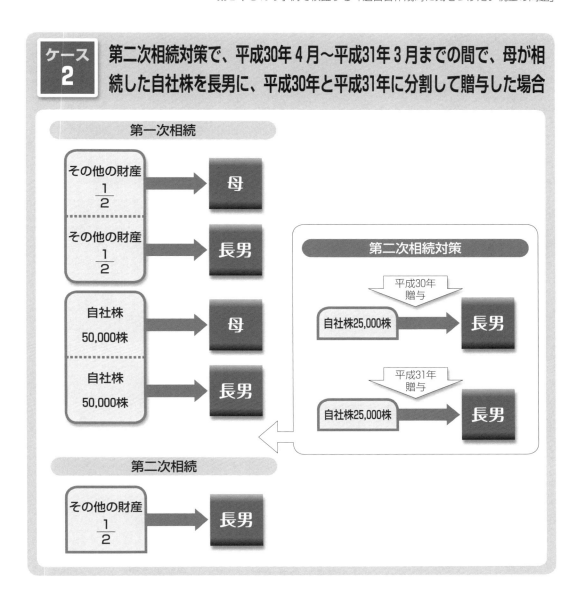

ケース2 第二次相続対策で、平成30年4月～平成31年3月までの間で、母が相続した自社株を長男に、平成30年と平成31年に分割して贈与した場合

◆ 第一次相続の計算

（単位：万円）

	母	長男
自 社 株	14,575（50,000株）	14,575（50,000株）
その他の財産	15,000	15,000
合　　　計	29,575	29,575
相　続　税	－	9,664

◆ 第二次相続対策

　母が相続した自社株を長男に平成30年4月〜平成31年3月までの間に平成30年と平成31年に二分割して贈与します。

　　50,000株×588円÷2年＝1,470万円
　　　→贈与税　　354万円×2年＝708万円

◆ 対策の効果

（単位：万円）

	ケース1		ケース2
	贈与を行わないまま平成30年4月1日から平成31年3月31日の間に母の相続が発生	贈与を行わないまま平成31年4月1日から平成32年3月31日の間に母の相続が発生	平成30年と平成31年に贈与対策を実行
自　社　株	2,940	9,240	0
その他の財産	15,000	15,000	15,000
課　税　価　格	17,940	24,240	15,000
相　続　税	4,036	6,588	2,860
贈　与　税	－	－	708
税　額　合　計	4,036	6,588	3,568

第2章●10の事例で検証する「遺言書作成時に気をつけたい税金の問題」

事例8 自社株を相続人（同族株主）に議決権割合5％以上となるように相続させる

●ポイント

特例的評価方式によることができなくなり、相続税が重くなります。

同族株主でも特例的評価方式によって評価できる場合がある

同族株主が取得した株式であっても、取得後の議決権割合が5％未満で、その会社に中心的な同族株主がいて、評価対象者である株主が中心的な同族株主ではなく、役員ではない場合には、特例的評価方式（配当還元方式）によって評価することができます。

そのため、遺言書で相続人（同族株主）に対して議決権割合が5％以上になるような相続をさせると原則的評価方式によって評価され、相続税の負担が重くなります。

相続発生後においても、同族株主に該当する株主が、どのように自社株を相続するかにより、相続税の負担がどのくらい増減するかについてケース1・ケース2で確認してみます。

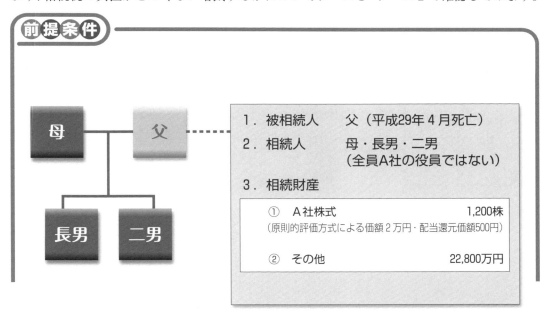

前提条件

1. 被相続人　父（平成29年4月死亡）
2. 相続人　母・長男・二男
   （全員A社の役員ではない）
3. 相続財産
   ① A社株式　1,200株
   （原則的評価方式による価額2万円・配当還元価額500円）
   ② その他　22,800万円

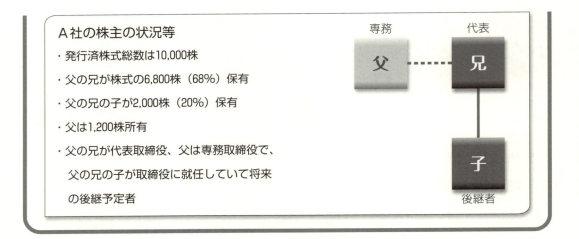

ケース1 遺言書でA社株式は $\frac{1}{3}$ ずつ相続させ、その他の財産は法定相続分どおり相続させるとした場合

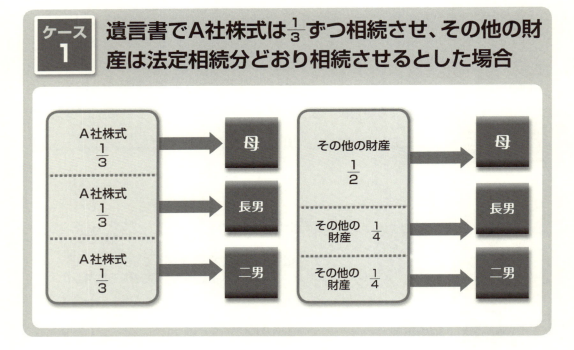

第2章●10の事例で検証する「遺言書作成時に気をつけたい税金の問題」

ケース2 遺言書でA社株式は長男にすべて相続させ、その他の財産は法定相続分どおり相続させるとした場合

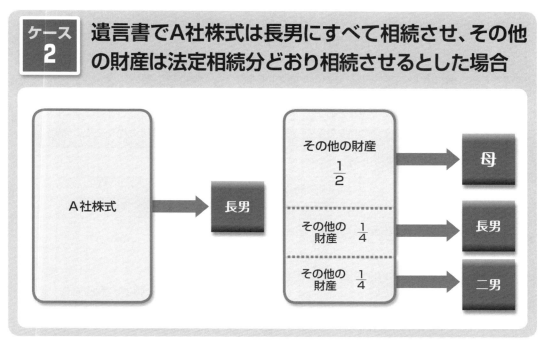

◆ 相続税の計算

(単位：万円)

	ケース1 母	ケース1 長男	ケース1 二男	ケース1 合計	ケース2 母	ケース2 長男	ケース2 二男	ケース2 合計
A社株式	20	20	20	60	—	2,400	—	2,400
その他	11,400	5,700	5,700	22,800	11,400	5,700	5,700	22,800
課税価格	11,420	5,720	5,720	22,860	11,400	8,100	5,700	25,200
相続税	0	854	854	1,708	0	1,299	914	2,213

ケース1によれば、母・長男及び二男は、全員「同族株主」に該当しますが、取得後の議決権割合は5％未満で、他に「中心的な同族株主」（父の兄やその子）がいて、母・長男及び二男は「中心的な同族株主」に該当せず（下表の判定表参照）、かつ、「役員」でもないことから、特例的評価方式によって評価することができます。

◆ケース1により相続をした場合の中心的な同族株主に該当するか否かの判定表

	父の兄	父の兄の子	母	長男	二男	合計	判定
	6,800	2,000	400	400	400	10,000	
父の兄	6,800	2,000	—	—	—	8,800	○
父の兄の子	6,800	2,000	—	—	—	8,800	○
母（注）	—	—	400	400	400	1,200	×
長男（注）	—	—	400	400	400	1,200	×
二男（注）	—	—	400	400	400	1,200	×

（注）会社の議決権数の25％未満であることから中心的な同族株主に該当しない。

一方、ケース2によると、長男は同族株主で、かつ、取得後の議決権割合が5％以上となることから、A社株式の相続税評価額は原則的評価方式によって評価することとなります。

●知識

同族株主のいる会社の場合の評価方式

株主の態様						評価方式
評価対象者	同族株主	取得後の議決権割合が5％以上の株主				原則的評価方式 (類似業種比準方式又は純資産価額方式、もしくはそれらの併用方式)
		取得後の議決権割合が5％未満の株主	評価会社	中心的な同族株主がいない場合		
				中心的な同族株主がいる場合	評価対象者	中心的な同族株主	
						役員又は役員予定者	
						その他の株主	特例的評価方式 (配当還元方式)
	同族株主以外の株主					

① 同族株主とは

　課税時期における評価会社の株主のうち、株主の1人及びその同族関係者の有する議決権割合の合計数が、その会社の議決権総数の30％以上である場合におけるその株主及びその同族関係者をいいます。

　なお、この場合において、その評価会社の株主のうち、株主の1人及びその同族関係者の有する議決権割合の合計数のうち最も多いグループの有する議決権割合の合計数が、その会社の議決権総数の50％超である会社にあっては、50％超のその株主及び同族関係者をいいます。

② 同族関係者とは

　親族（配偶者、6親等内の血族、3親等内の姻族）、特殊関係のある個人（内縁関係にある者等）及び特殊関係にある会社（子会社、孫会社等）をいいます。

③ 中心的な同族株主とは

　課税時期において、同族株主の一人並びにその株主の配偶者・直系血族・兄弟姉妹及び一親等の姻族の有する株式の合計数が、その会社の議決権数の25％以上である場合におけるその株主をいいます。

●中心的な同族株主判定の基礎となる同族株主の範囲（網掛け部分）

～株主Aについて判定する場合～

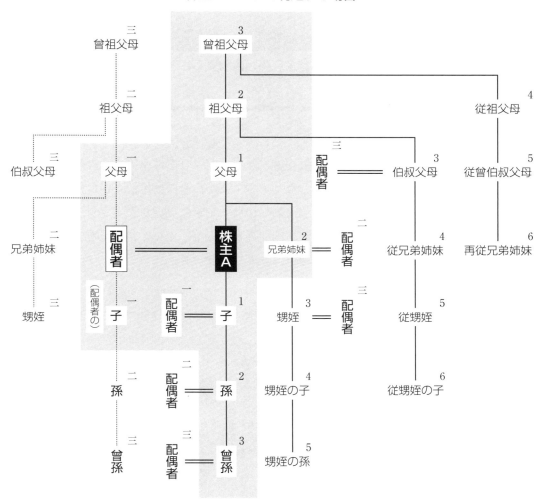

1. 肩書数字は親等を、うち算用数字は血族、漢数字は姻族を示しています。
2. 親族の範囲…親族とは①6親等内の血族、②配偶者、③3親等内の姻族をいいます。
3. 養親族関係…養子と養親及びその血族との間においては、養子縁組の日から血族間におけると同一の親族関係が生じます。

事例9 孫へ◯◯の財産を遺贈する

●ポイント
愛情と相続税の負担はバランスしません。孫へ遺贈することで相続税の負担が増加することが予想されます。

孫への遺贈は2割加算！

孫は、配偶者及び一親等の血族（代襲相続人となった孫（直系卑属）を含む）ではないことから相続税額の2割加算の対象者となります。また、その被相続人から相続開始前3年以内に贈与を受けていた場合には、生前贈与加算の対象にもなります。

そのため、遺贈を受けた孫の相続税が2割加算となるだけでなく、生前贈与加算が行われることになると、他の共同相続人の相続税も高くなります。

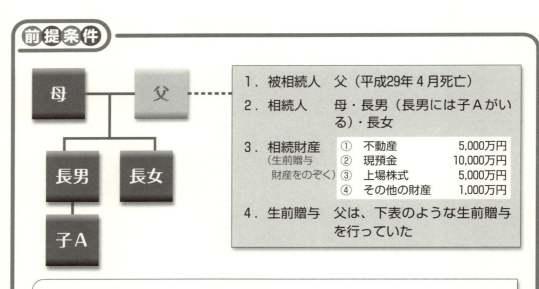

前提条件

1. 被相続人　父（平成29年4月死亡）
2. 相続人　母・長男（長男には子Aがいる）・長女
3. 相続財産（生前贈与財産をのぞく）
   ① 不動産　　　5,000万円
   ② 現預金　　 10,000万円
   ③ 上場株式　　5,000万円
   ④ その他の財産　1,000万円
4. 生前贈与　父は、下表のような生前贈与を行っていた

生前贈与の内容
（単位：万円）

受贈者	平成26年5月 贈与金額	贈与税	平成27年10月 贈与金額	贈与税	平成28年3月 贈与金額	贈与税
長男	300	19	300	19	300	19
長女	300	19	300	19	300	19
長男の子A	300	19	（注）1,000	—	300	19

（注）結婚・子育て資金の贈与。なお、被相続人（父）が死亡時の管理残額は600万円であった。

第2章●10の事例で検証する「遺言書作成時に気をつけたい税金の問題」

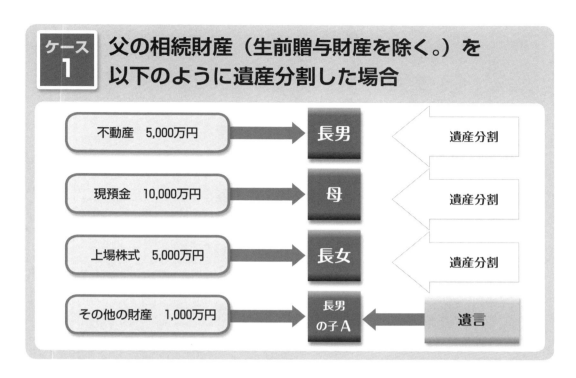

　孫へ遺贈した場合、その孫が、被相続人から相続開始前3年以内に贈与を受けていた場合には、生前贈与加算の対象となり、共同相続人の相続税も高くなります。

◆相続税の計算　　　　　　　　　　　　　　　　　　　　　　　　　　　　（単位：万円）

	母	長男	長女	長男の子A
不　動　産	－	5,000	－	－
現　預　金	10,000	－	－	－
上　場　株　式	－	－	5,000	－
その他の財産	－	－	－	1,000
生前贈与加算	－	900	900	（注1）1,200
課　税　価　格	10,000	5,900	5,900	2,200
相続税の総額		3,700		
各人の算出税額	1,541	910	910	339
相続税額の2割加算	－	－	－	（注2）49
配偶者の税額軽減	△1,541	－	－	－
贈与税額控除	－	△57	△57	△38
納　付　税　額	0	853	853	350
合　計　税　額		2,056		

（注1）　長男の子Aは、遺贈によって財産を取得したため、結婚・子育て資金の管理残額600万円と父から3年以内に受けた贈与財産については生前贈与加算の対象となる。
（注2）　長男の子Aは、相続税額の2割加算の対象者ですが、結婚・子育て資金の贈与については、相続税額の2割加算の対象財産とはならない。
　　　　そのため、相続税額の2割加算額は、339万円×（1,600万円÷2,200万円）×0.2≒49万円となる。

ケース2 その他の財産を長男の子Aが取得するのではなく、長男が相続すると仮定した場合

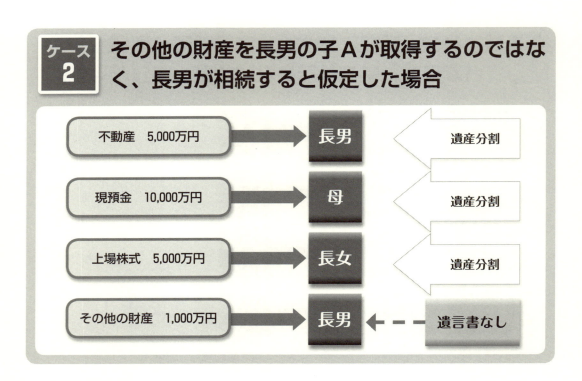

◆相続税の計算

(単位：万円)

	母	長男	長女
不 動 産	—	5,000	—
現 預 金	10,000	—	—
上 場 株 式	—	—	5,000
その他の財産	—	1,000	—
生前贈与加算	—	900	900
課 税 価 格	10,000	6,900	5,900
相続税の総額	3,400		
各人の算出税額	1,491	1,029	880
配偶者の税額軽減	△1,491	—	—
贈与税額控除	—	△57	△57
納 付 税 額	0	972	823
合 計 税 額	1,795		

事例10　会社後継者である長男に自社株10,000株を、二男に5,000株をそれぞれ相続させる

●ポイント

非上場株式等についての相続税の納税猶予を受けるためには、適用要件を満たすように遺言しておかなければなりません。

1. 被相続人　父（平成30年4月死亡）
2. 相続人　長男（A社・後継者）・二男
3. 相続財産
   ① 現預金等　　　　　　　　　　20,000万円
   ② 非上場株式（A社）　15,000株（1万円/株）
4. その他

   A社（発行済株式総数30,000株）の株主（父の死亡前）の状況
   　　父　　　　　　　　　　　　　　15,000株
   　　父の弟　　　　　　　　　　　　11,000株
   　　その他（同族株主以外の株主）　 4,000株

遺言書の内容

ケース1
① 現預金等は、長男・二男に $\frac{1}{2}$ ずつ相続させる
② A社株式　長男へ10,000株、二男へ5,000株を相続させる

ケース2
① 現預金等は、長男・二男に $\frac{1}{2}$ ずつ相続させる
② A社株式　長男へ12,000株、二男へ3,000株を相続させる

ケース1 現預金等は、長男・二男に $\frac{1}{2}$ ずつ、A社株式は、長男へ10,000株、二男へ5,000株を相続させるとした場合

非上場株式についての相続税の納税猶予の適用判定

① 父（相続後は長男・二男）と父の弟（11,000株保有）で発行済株式総数の $\frac{1}{2}$ 超を保有

② 長男　同族株主のうち、筆頭株主の要件を満たさない（父の弟が筆頭株主）

→ 相続税の納税猶予の適用を受けることができません。

ケース2 現預金等は、長男・二男に $\frac{1}{2}$ ずつ、A社株式は、長男へ12,000株、二男へ3,000株を相続させるとした場合

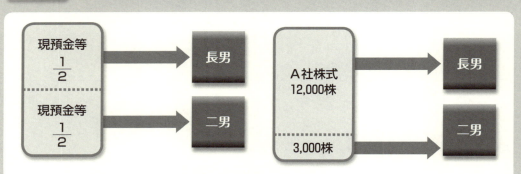

非上場株式についての相続税の納税猶予の適用判定

① 父（相続後は長男・二男）と父の弟（11,000株保有）で発行済株式総数の $\frac{1}{2}$ 超を保有

② 長男　同族株主のうち、筆頭株主の要件を満たす

→ 相続税の納税猶予の適用を受けることができます。

◆相続税の計算

(単位:万円)

	ケース1 長男	ケース1 二男	ケース2 長男	ケース2 二男
現 預 金 等	10,000	10,000	10,000	10,000
非 上 場 株 式	10,000	5,000	12,000	3,000
課 税 価 格	20,000	15,000	22,000	13,000
相続税の総額	8,920		8,920	
各人の算出税額	5,097	3,823	5,607	3,313
株式等納税猶予税額(注)	—	—	△2,362	—
納 付 税 額	5,097	3,823	3,245	3,313
合 計 税 額	8,920		6,558	

(注) ① 長男が取得した財産がA社株式のみとした場合の課税価格
　　　12,000万円 + 13,000万円 = 25,000万円
　　② 課税遺産総額　25,000万円 − 4,200万円 = 20,800万円
　　③ 相続税の総額　4,920万円
　　④ 長男の相続税（納税猶予税額）　4,920万円 ×（12,000万円 ÷ 25,000万円）≒ 2,362万円

●知識

　特定の相続財産については、相続税の申告期限より前に、遺言書又は遺産分割協議により、相続する人が確定していなければ相続税の特例制度の適用を受けることができない主な制度については、以下のようなものがあります。

(1) 非上場株式等についての相続税の納税猶予

　平成30年度の税制改正において創設された非上場株式等についての相続税の納税猶予制度の特例は、平成30年1月1日から平成39年（2027年）12月31日までの間、特例認定承継会社の非上場株式等を有していた特例被相続人から、相続又は遺贈により特例経営承継相続人等がその株式等の取得をした場合、納付すべき相続税額のうち、相続等により取得したその株式等に係る課税価格に対応する相続税の納税を、担保を提供するなど一定の要件を満たす場合には、特例経営承継相続人等の死亡の日まで、その納税が猶予される制度です。

　この特例の適用を受けるためには、「中小企業における経営の承継の円滑化に関する法律」に基づき、相続開始後8か月以内に都道府県知事にその申請（非上場株式等を後継者が相続する旨の遺言書又は遺産分割協議書等の添付が必要です。）を行う必要があります。また、相続人等で総議決権数の50％超の議決権数を保有し、かつ、これらの者の中で最も多くの議決権数を保有することとなること、などの要件が定められています。

(2) 配偶者の税額軽減

　配偶者の税額軽減とは、被相続人の配偶者が遺産分割や遺贈により実際に取得した正味

の遺産額が、次の金額のどちらか多い金額までは配偶者に相続税はかからないという制度です。（注）この制度の対象となる財産には、仮装又は隠蔽されていた財産は含まれません。

① 16,000万円
② 配偶者の法定相続分相当額

　この配偶者の税額軽減は、配偶者が遺産分割などで実際に取得した財産を基に計算されることになっています。したがって、相続税の申告期限までに分割されていない財産は税額軽減の対象になりません。

　ただし、相続税の申告書又は更正の請求書に「申告期限後3年以内の分割見込書」を添付した上で、申告期限までに分割されなかった財産について申告期限から3年以内に分割したときは、税額軽減の対象になります。

　なお、相続税の申告期限から3年を経過する日までに分割できないやむを得ない事情があり、税務署長の承認を受けた場合で、その事情がなくなった日の翌日から4か月以内に分割されたときも、税額軽減の対象になります。（以下、（3）小規模宅地等の相続税の課税価格の特例において同じ。）

(3) 小規模宅地等の相続税の課税価格の特例

　個人が、相続又は遺贈により取得した財産のうち、その相続の開始の直前において被相続人等の事業の用に供されていた宅地等又は被相続人等の居住の用に供されていた宅地等のうち、一定の選択をしたもので限度面積までの部分については、相続税の課税価格に算入すべき価額の計算上、一定の割合を減額されます。この特例を受けられる人は、相続や遺贈によって宅地等を取得した個人です。

　この特例の適用を受けるためには、相続税の申告書に、この特例を受けようとする旨など所定の事項を記載するとともに、計算明細書や、遺言書又は遺産分割協議書の写しなど一定の書類を添付する必要があります。

　そのため、事業承継予定者などへは遺言書でスムーズな承継ができるよう配慮しておかなければなりません。

(4) 農地等の相続税の納税猶予

　農業を営んでいた被相続人又は特定貸付けを行っていた被相続人から相続人が一定の農地等を相続し、農業を営む場合又は特定貸付けを行うときには、農地等の価額のうち農業投資価格による価額を超える部分に対応する相続税額については、その相続した農地等について相続人が農業を営んでいる又は特定貸付けを行っている限り、その納税が猶予されます。

　この制度の適用を受けるためには、農業相続人が相続税の申告期限までに農業経営を開

始し、その後も引き続き農業経営を行うことや、農業委員会が発行する「相続税納税猶予適格者証明」などの必要書類を添えて税務署で手続きをしなければなりません。

　そのため、遺言書で農業後継者に農地がスムースに相続することができるようにしておかなければなりません。

第3章

状況と要望にあわせた遺言書作成の具体例

ケース1 入院中の独身女性が甥へ不動産を残したケース

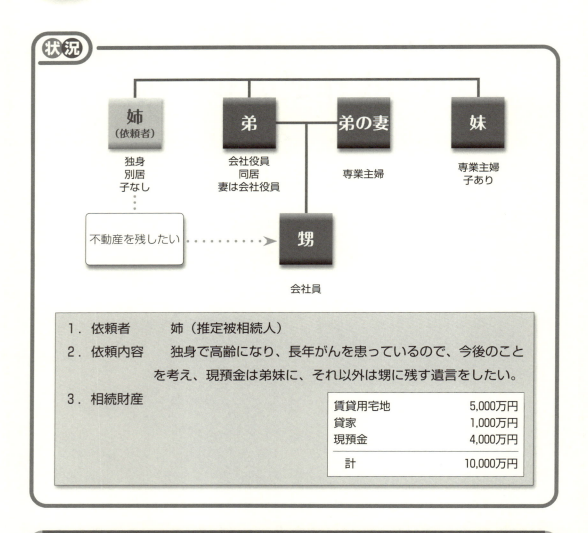

1. 依頼者　　姉（推定被相続人）
2. 依頼内容　独身で高齢になり、長年がんを患っているので、今後のことを考え、現預金は弟妹に、それ以外は甥に残す遺言をしたい。
3. 相続財産

賃貸用宅地	5,000万円
貸家	1,000万円
現預金	4,000万円
計	10,000万円

(1) 現状

　依頼者の女性は、約10年前から、がんになり治療を続けています。治療をしながら小さな事業は継続してきましたが、引き継いでもらいたいと考えていた甥は、別の仕事に就いており、事業を承継することができなかったので、閉鎖することにしました。閉鎖後は、入院生活をしています。弟妹以外家族がいないので、相続に関して、今まで具体的な考え

はありませんでしたが、入院を機に不動産は甥に残すことに決めました。

(2) 対策

多額で複雑な財産ではないので、自分の遺志を反映させた財産分割ができるように遺言書を作成することにしました。また、自由な外出がままならないので、入院中に自筆証書遺言を作成することにしました。

(3) 遺言書

遺 言 書

遺言者○○ ○○は次のとおり遺言する
1．甥○○ △△（昭和○○年○月○日生）には次の財産を遺贈する
　（1）　大阪府○○市○○丁目○番○
　　　　宅地　○○㎡
　（2）　同所同番地所在
　　　　家屋番号○町○番○
　　　　木造瓦葺○階建　家屋1棟
　　　　床面積○○㎡
　（3）　前記家屋内の家財・家具
　（4）　大阪府○○市○○丁目○番○
　　　　宅地○○㎡の持ち分　○分の1

2．弟○○ ××（昭和○○年○月○日生）には次の財産を相続させる
　（1）遺言者が有する
　　　　　○○銀行　　　　普通預金
　　　　　××銀行　　　　定額預金
　　　　　××銀行　　　　通常預金
　　　　　　　　　　　以上　債権の2分の1を相続させる

3．妹□□ ○○（昭和○○年○月○日生）には次の財産を相続させる
　（1）遺言者が有する
　　　　　○○銀行　　　　普通預金
　　　　　××銀行　　　　定額預金
　　　　　××銀行　　　　通常預金
　　　　　　　　　　　以上　債権の2分の1を相続させる

4．この遺言の遺言執行者に遺言者の弟である
　大阪府○○市○○丁目○番○号　○○ ××を指定する

平成○○年○月○日

遺言者○○　○○㊞

(4) 自筆証書遺言について

　自筆証書遺言は家庭裁判所の検認手続を受ける必要があります。家庭裁判所の検認手続を受けることにより、自筆の遺言書に「検認済証明書」が付けられます。この家庭裁判所の証明書のある自筆証書遺言で不動産の登記等相続手続を行うことができます。

　また、遺贈には「包括遺贈」と「特定遺贈」があります。遺言者に債務（負債）があったときには扱いが違います。包括遺贈を受けた人は債務も承継しますが、特定遺贈を受けた人は債務を承継しません。純粋に「遺言書に書かれている財産のみ」の遺贈を受けることになります。

　ただし、「負担付遺贈」のような例外的なものもあります。この場合は一定の履行義務（負担）の付いた債務を承継しますが遺贈の放棄をすることも可能です。

検認済証明書の見本

平成○○年(家)第○○○号　遺言書検認申立事件

平成○○年○月○日

本件遺言書の検認を終えたことを証明する。

平成○○年○月○日
　　　大阪家庭裁判所○○支部
　　　　裁判所書記官　○○　○○㊞

(5) 税額試算

対策前
(単位：万円)

	弟	妹	甥	計
建　　　　物	500	500	—	1,000
貸　　　　地	2,500	2,500	—	5,000
現　金　他	2,000	2,000	—	4,000
課　税　価　額	5,000	5,000	—	10,000
基　礎　控　除　額	4,200			4,200
相　続　税　の　総　額	770			770
各　人　の　算　出　税　額	385	385	—	770
相続税額の２割加算	77	77	—	154
相　続　税　額	462	462	—	924

対策後
(単位：万円)

	弟	妹	甥	計
建　　　　物	0	0	1,000	1,000
貸　　　　地	0	0	5,000	5,000
現　金　他	2,000	2,000	0	4,000
課　税　価　額	2,000	2,000	6,000	10,000
基　礎　控　除　額	4,200			4,200
相　続　税　の　総　額	770			770
各　人　の　算　出　税　額	154	154	462	770
相続税額の２割加算	31	31	92	154
相　続　税　額	185	185	554	924

　対策前も対策後も、相続人（弟・妹）も受遺者（甥）ともに、相続税額の２割加算の対象者であることから相続税額は変わりません。

　しかし、甥が遺贈により不動産を取得する場合は、登録免許税の税率は$\frac{20}{1,000}$（相続人が相続によって取得する場合には$\frac{4}{1,000}$）で、不動産取得税も課されます（相続による場合には不動産取得税は課されません。）。

企業オーナーが資産を孫に残したケース

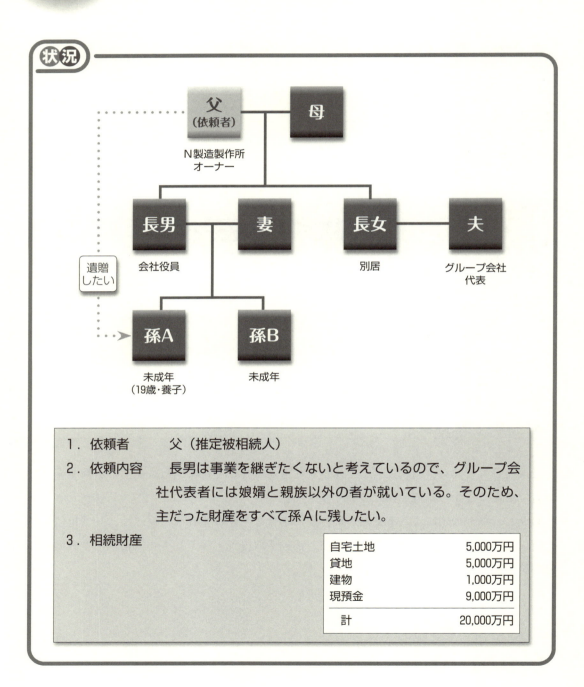

(1) 現状

　N製造製作所は創業約50年、創業者のオーナー（父）は20年ほど前から相続対策を開始しました。自社株等の贈与を後継予定者である長女とその夫に毎年繰り返し行い、個人所有の事業資産は法人に売却するなど事業承継対策は万全です。

　残された資産の承継は孫Aを中心に行うようにしたいと考えています。

(2) 対策

　孫Aに主たる財産を残すために①生前贈与し、②公正証書遺言作成の対策を行いました。

　祖父から孫Aへの贈与は贈与証書を作成し親権者が代理人となり受諾の意思表示と贈与契約書へ署名を行い、贈与税の申告を行いました。

　また、相続における財産の承継や相続税の軽減を期待して孫Aと養子縁組をしました。

(3) 未成年者への贈与について

　未成年者への贈与に関しては、民法では特に年齢については定めておらず、未成年に対する贈与は成立すると考えられています。

　贈与契約は諾成契約であるため、贈与者と受贈者において贈与する意思と受贈する意思の合致が必要となり、それで足りますが、法律上及び税金上、贈与の事実を明確にするため、贈与証書を作成しておくことが適切です。

　なお、未成年の子に対する贈与は、①親権者が受諾すれば契約は成立し、②未成年の子が贈与の事実は知っていたかどうかは問いません。

　また、親権者から未成年の子に対して贈与する場合には、利益相反行為に該当しないことから親権者が受諾すれば契約は成立し、未成年の子が贈与の事実を知っていたかどうかにかかわらず、贈与契約は成立すると解されています。したがって特別代理人の選任は不要となります。

　贈与税の申告事実と課税要件事実との関係については、「納税義務を負担するとして納税申告をしたならば、実体上の課税要件の充足を必要的前提条件とすることなく、その申告行為に租税債権関係に関する形成的効力が与えられ、税額の確定された具体的納税義務が成立するものと解せられる」（高松高裁昭和58年3月9日判決）と示されていることからすると、贈与税の申告は、贈与税額を具体的に確定させる効力は有するものの、それをもって申告の前提となる課税要件の充足（贈与事実の存否）までも明らかにするものではありません。

(4) 遺言書

平成〇〇年第〇〇号

　　　　　　　　　遺　言　公　正　証　書

　当公証人は、遺言者〇〇〇〇の嘱託により、平成〇〇年〇月〇日、本職場において、後記証人2名の立会いのもとに、次のとおり、遺言者の口授するところを筆記して、この証書を作成する。
本旨
第1条（遺贈）
　遺言者は、下記不動産を遺言者の孫・〇〇〇〇（平成〇〇年〇月〇日生）に遺贈する。同人が遺言の効力発生時点で相続人だった場合は、「遺贈する」を「相続させる。」に読み替える。
　　　　　　　　　　　　　　　記
（1）土地
　　　※貸地は孫Bへ、その他財産は孫Aへ遺贈する内容となっている。

〜〜〜〜〜〜〜〜〜〜〜〜〜〜〜〜〜〜〜〜〜〜〜〜〜〜〜〜〜〜〜〜〜

第3条（遺言執行者の指定）
　遺言者は、本遺言の執行者として下記の者を指定する。
　　　　⋮

〜〜〜〜〜〜〜〜〜〜〜〜〜〜〜〜〜〜〜〜〜〜〜〜〜〜〜〜〜〜〜〜〜

(5) 「遺贈する」と「相続させる」について

(4)の公正証書遺言では、孫が遺言の効力発生時点で相続人だった場合は「遺贈する」を「相続させる」に読み替えるとなっています。また、遺言執行者の指定がされています。

「遺贈」であった場合は、遺言執行者と受遺者が共同で不動産の相続登記ができます。しかし、遺言執行者の指定がされていなければ、相続人全員の協力（印鑑証明書の添付）が必要となり、もし相続人と受遺者の間で争いが起きた場合は、相続登記を行えないおそれがあります。これに対し、取得原因が、「相続」であった場合は、相続人が単独で相続登記をすることができます。

(6) 税額試算

遺言による場合

(単位：万円)

	孫A	孫B	計
自 宅 土 地	5,000	—	5,000
貸 地	—	5,000	5,000
建 物	1,000	—	1,000
現 預 金	9,000	—	9,000
課 税 価 額	15,000	5,000	20,000
基 礎 控 除 額	5,400		5,400
相 続 税 の 総 額	2,435		2,435
各 人 の 算 出 税 額	1,826	609	2,435
相続税額の２割加算	365	122	487
未 成 年 者 控 除	△10	—	△10
相 続 税 額	2,181	731	2,912

※ 未成年者控除は相続又は遺贈により財産を取得した人が法定相続人であることなどの要件が定められています。

すべての財産を法定相続分によって相続する場合

(単位：万円)

	母	長男	長女	孫A(養子)	計
自 宅 土 地	2,500	834	833	833	5,000
貸　　　　地	2,500	834	833	833	5,000
建　　　　物	500	166	167	167	1,000
現　預　金	4,500	1,500	1,500	1,500	9,000
課 税 価 格	10,000	3,334	3,333	3,333	20,000
基 礎 控 除 額		5,400			5,400
相 続 税 の 総 額		2,435			2,435
各人の算出税額	1,217	406	406	406	2,435
配偶者の税額軽減	△1,217	—	—	—	△1,217
相続税額の2割加算	—	—	—	81	81
未 成 年 者 控 除	—	—	—	△10	△10
相 続 税 額	0	406	406	477	1,289

　遺言による場合でも、相続税の総額までの計算は法定相続分によって相続する場合と同様です。

　相続、遺贈や相続時精算課税に係る贈与によって財産を取得した人が、被相続人の一親等の血族（代襲相続人となった孫（直系卑属）を含みます。）及び配偶者以外の人である場合には、その人の相続税額にその相続税額の2割に相当する金額が加算されます。

　被相続人の養子は、一親等の法定血族であることから、相続税額の2割加算の対象とはなりません。ただし、被相続人の養子となっている被相続人の孫は、被相続人の子が相続開始前に死亡したときや相続権を失ったためその孫が代襲して相続人となっているときを除き、相続税額の2割加算の対象になります。

　以上のことから、孫A及びBは相続税額の2割加算の対象となります。

コラム　未成年の孫へ遺贈する場合の遺言書作成のポイント

　未成年の子は、父母に親権があり（民法818条1項）、親権者は子の財産を管理します（民法824条1項）ので、遺贈され、孫のものとなった財産は、原則としてその父母の管理に服することになります。そのため、未成年の孫に遺言書で財産を残してやりたいが、遺贈した孫の財産をその親が費消してしまわないか心配だということもあると思います。

　このような場合、財産の管理権を第三者に委ねるという方法が考えられます。具体的には、孫に遺贈する旨と孫が成人に達するまでの間、第三者をその財産の管理権者とする旨を遺言書に明記します。

遺言書作成例

> 一　遺言者は長男〇〇太郎及び花子の孫〇〇太一（平成〇〇年〇月〇日生まれ）に現金5,000万円を遺贈する。
> 二　遺言者は〇〇太一に遺贈する財産につき太一の親権者である〇〇太郎及び花子に管理させず、太一が成人に達するまでの間、管理者として次の者を指定する
> 　　　住所　大阪市〇〇区△〇町△丁目〇番〇号
> 　　　氏名　△△一郎（昭和〇〇年〇月〇日生まれ。職業・税理士）

民法830条

> 　無償で子に財産を与える第三者が、親権を行う父又は母にこれを管理させない意思を表示したときは、その財産は、父又は母の管理に属しないものとする。

事業経営の安定化を図るために遺言書を書き直したケース

状況

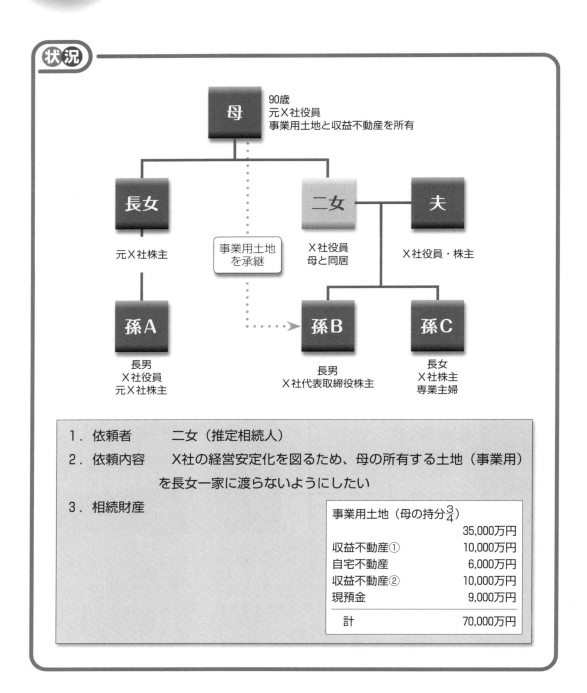

1. 依頼者　　二女（推定相続人）
2. 依頼内容　X社の経営安定化を図るため、母の所有する土地（事業用）を長女一家に渡らないようにしたい
3. 相続財産

事業用土地（母の持分 $\frac{3}{4}$）	35,000万円
収益不動産①	10,000万円
自宅不動産	6,000万円
収益不動産②	10,000万円
現預金	9,000万円
計	70,000万円

(1) 現状

X社は、長女、二女と二女の夫が事業を支えています。

長女と二女のそれぞれの長男（孫A・B）も、X社に入社して事業に携わっていたため、すでに一度、長女と二女に等分に財産を残す内容の遺言を作成していました。

しかし、現在は状況が変わり、長女が体調不良を理由に事業経営から外れ、それに伴い孫Aの勤務態度も悪化しています。

株式だけは二女一家が長女一家から買い取ることで交渉がまとまり、経営の安定化を図ることができましたが、事業用の土地は母が$\frac{3}{4}$所有（$\frac{1}{4}$は二女が所有）しており、二女側は、長女一家が事業用の土地を相続するおそれがあることを不安視しています。

(2) 対策

X社の後継者である孫Bと母は養子縁組を行い、さらなる経営の安定化を図るために事業用の土地を二女側で相続できるように遺言書の書き換えを実行しました。

事業用の土地は特定同族会社事業用宅地等に該当するため、X社へ売却しないで相続によって孫Bに承継することとしました。

孫Bは相続税額の2割加算の対象者ですが、X社の代表取締役であることから事業用の土地を相続させることにしました。

なお、長女と孫Cには収益不動産を相続させることにしました。

(3) 遺言書

今回のケースでは、母の年齢も考慮して、今後遺言を書き換えることはないと判断して、公正証書遺言を採用しました。また、長女から遺留分減殺請求されるおそれがあるため、遺留分を考慮した内容としました。

長女の遺留分

遺留分算定基礎財産		総体的遺留分の割合		個別的遺留分の割合 （法定相続割合）		
70,000万円	×	$\frac{1}{2}$	×	$\frac{1}{3}$	≒	11,700万円

公正証書遺言による内容

```
長女   収益不動産①           10,000万円
       現預金                  4,500万円
二女   自宅不動産              6,000万円
孫B    事業用土地（持分3/4）  35,000万円
       現預金                  2,250万円
孫C    収益不動産②           10,000万円
       現預金                  2,250万円
```

(4) 税額試算

対策後　　　　　　　　　　　　　　　　　　　　　　　　　　（単位：万円）

	長女	二女	孫B（養子）	孫C	計
収益不動産①	10,000	—	—	—	10,000
自宅不動産	—	6,000	—	—	6,000
事業用土地	—	—	35,000	—	35,000
収益不動産②	—	—	—	10,000	10,000
現預金	4,500	—	2,250	2,250	9,000
課税価格	14,500	6,000	37,250	12,250	70,000
基礎控除額	4,800				4,800
相続税の総額	21,240				21,240
各人の算出税額	4,400	1,820	11,303	3,717	21,240
相続税額の2割加算	—	—	2,261	743	3,004
相続税額	4,400	1,820	13,564	4,460	24,244

　対策前の法定相続人2人（長女及び二女）の場合の相続税の総額は24,500万円となります。対策後は、後継者である孫Bと母が養子縁組をした結果、孫が遺言書で相続する財産に対する相続税額が2割加算となることを考慮しても相続税額は少し軽減されました。

　また、長女に対する遺留分の侵害もなく、遺言書によって事業用土地を後継者の孫Bへ相続させることができました。しかし、二女及び孫は、相続税の納税資金が相続した現預金だけでは不足することになります。

第3章 ●状況と要望にあわせた遺言書作成の具体例

一世代先への事業承継のために
親子で遺言書を作成したケース

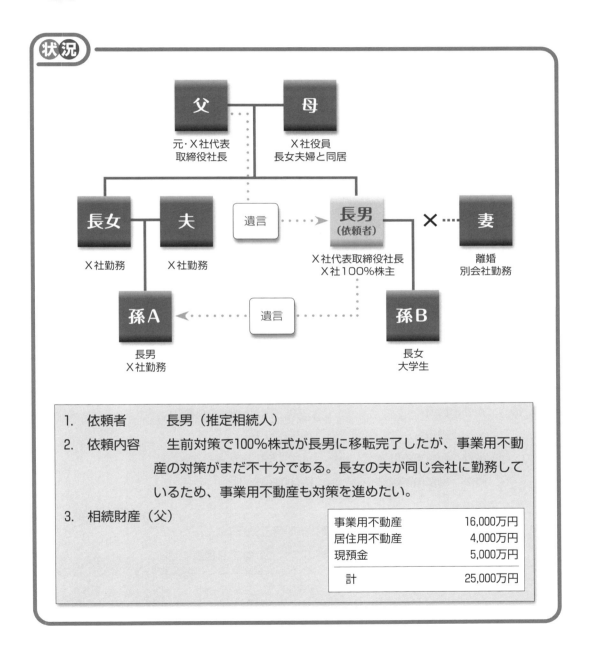

(1) 現状

　姉弟の仲は悪くありませんが、長女の夫もＸ社に勤務しており、長男の経営方針にいつも異議を唱えるなど、事業経営に協力的でない部分もあるため、相続時に姉を巻き込んで、もめる可能性があります。また、長男の子である孫Ｂは、将来、事業を継ぐ意思はなく、事業とは無関係の大学に進学しました。Ｘ社の後継者は長女の子である孫Ａが候補者です。しかし、長男に万が一のことがあると、事業に携わっていない孫Ｂが株式を引き継ぐリスクがあります。

(2) 対策

　父と長男がそれぞれ遺言書を作成して、事業承継に備えることにしました。
　父は、事業用の不動産はすべて長男へ、居住用不動産は長女へ、現預金は母に残す遺言書を作成して、共同相続人間で生前に合意を形成しておくことにしました。
　母は、Ｘ社の役員としての報酬と年金収入があり、長女夫婦と同居しているので、不動産が子に移転することには納得しています。
　また、長男が作成する遺言書において、長男の株式を後継予定者である孫Ａに相続させるとしたことで、長女一家もこの遺言書作成に協力的でした。

(3) 遺言書

　公正証書遺言を父・長男ともに採用しました。当面、長男が遺言内容を見直す予定がないことを示し、母や長女一家を安心させるためです。

---

① 父の遺言内容
　　母：現預金　　　　　　　5,000万円
　　長女：居住用不動産　　　4,000万円
　　長男：事業用不動産　　 16,000万円

② 長男の遺言内容
　　長女の子（孫Ａ）：Ｘ社株式及び事業用不動産
　なお、子（孫Ｂ）には上記財産以外のすべての財産を相続させる。

(4) 税額試算（父）

対策後　　　　　　　　　　　　　　　　　　　　　　　　　　　　　　（単位：万円）

	母	長女	長男	計
事業用不動産	—	—	16,000	16,000
居住用不動産	—	4,000	—	4,000
現 預 金	5,000	—	—	5,000
課 税 価 格	5,000	4,000	16,000	25,000
基 礎 控 除 額		4,800		4,800
相続税の総額		3,970		3,970
各人の算出税額	794	635	2,541	3,970
配偶者の税額軽減	△794	—	—	△794
相 続 税 額	0	635	2,541	3,176

※　長男の相続の場合、後継者の孫Aに対する非上場株式等の遺贈については、一定の要件を満たすことで非上場株式等についての相続税の納税猶予の適用を受けることができます。

すべての財産を2人の子のうち1人に相続させたケース

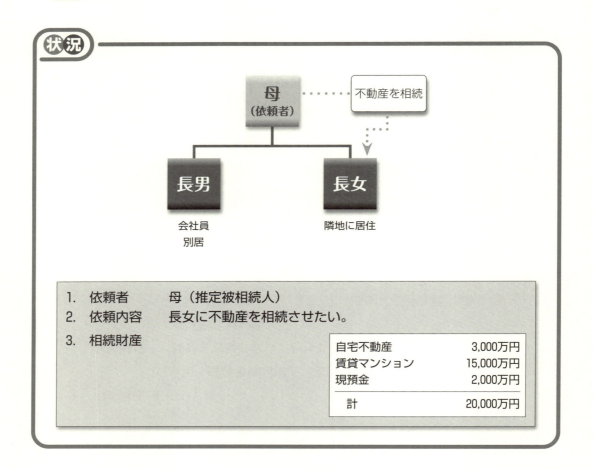

1. 依頼者　　　母（推定被相続人）
2. 依頼内容　　長女に不動産を相続させたい。
3. 相続財産

自宅不動産	3,000万円
賃貸マンション	15,000万円
現預金	2,000万円
計	20,000万円

(1) 現状

　自宅に隣接する敷地において賃貸マンションを経営している母は、長女にすべての不動産を相続させたいと考えています。遺志をそのまま反映させた遺言書の内容では、長男の遺留分を侵害することとなります。母は、長男と長女がもめることはないと考えていますが、長男は仕事に就いてからほとんど帰ってきておらず、相続が発生した場合、相続争いが起こることも考えられます。

(2) 対策

母は足が悪く、公証役場まで出向くことが困難であったため、公証人に自宅まで来てもらい、公正証書遺言を作成しました。

> ① 長女にすべての財産を相続させる。
> ② 長男へは、長女から代償金として1,000万円を支払う。
> ③ 遺言執行者は弁護士 △△ △△ を指定する。

以上の遺言によると、長男の遺留分は5,000万円（遺留分算定基礎財産の額が20,000万円の場合）となり、遺留分を侵害することになります。

また、相続争いになった場合、遺言書の無効訴訟で争うことも予想されます。

そこで、公証人が遺言者の意思確認をした上で作成する公正証書遺言を選択し、遺言書の無効訴訟に備えることとします。また、遺言執行者に弁護士を指定し、長男から遺留分減殺請求があった場合に、誤りのない対応ができるように万全の態勢を整えておきました。

(3) 遺言書

平成〇〇年第〇〇〇号

　　　　　　　　　　遺　言　公　正　証　書
　本職は、遺言者〇〇〇〇（以下「遺言者」という）の嘱託により、後記2名の証人の立会いのもとに遺言者の口述を筆記して、この証書を作成する。
　　　　　　　　　　　　　本　　　旨
（長女に対する全財産の相続）
第1条　遺言者は、その有する下記の不動産及び預貯金を含むすべての財産を、
　　　遺言者の長女・〇〇B子（昭和〇〇年〇月〇日生）に相続させる。
　　（不動産の表示）
　　（1）土地
　　　　所在　〇〇市〇〇区〇〇三丁目

〜〜〜〜〜〜〜〜〜〜〜〜〜〜〜〜〜〜〜〜〜〜〜〜〜〜〜〜〜〜〜〜〜〜〜〜

（長男に対する代償金の支払い）
第2条　長女〇〇B子は、前条の財産を相続する代償として、遺言者の長男〇
　　　〇A男（昭和〇〇年〇月〇日生）に対して、金1000万円を代償金として支払う。

（遺言執行者の指定等）
第3条　遺言者は、下記の者を遺言執行者に指定する。
　　　住所　〇〇市〇〇区〇〇2丁目〇番〇号
　　（事務所：　〇〇市〇〇区〇〇3丁目〇番〇号）
　　　職業　弁護士
　　　　　　　　　　　　　　　　　　　　　　　　　　△△　△△
　　　　　　　　　　　　　　　　　　　　　　　昭和〇〇年〇月〇日生
2　遺言執行者は、不動産に関する登記手続、預貯金の名義変更・払戻し・解
　　約その他この遺言執行のための一切の権限を有するものとする。
　　　　　　　　　　　　　　　　　　　　　　　　　　　　以　上

　　　　　　　　　　　本　旨　外　事　項
（遺言者）
住所　〇〇市〇〇区〇〇西〇丁目〇番〇〇号
職業　無職

　　　　　　　　　　　　　　　　　　　　　　　　　〇〇　〇〇
　　　　　　　　　　　　　　　　　　　　　　大正〇〇年〇月〇日生

遺言者は、当公証人その氏名を知らず面識がないから法定の印鑑証明書を提出させて人違いでないことを証明させた。
（証人）
　　住所　○○市○○区○○10番○○○号
　　職業　税理士

　　　　　　　　　　　　　　　　　　　　　　□□　□□
　　　　　　　　　　　　　　　　　　　　昭和○○年○月○日生

　　住所　○○市○○区○○２丁目○番○号
　　職業　弁護士

　　　　　　　　　　　　　　　　　　　　　　△△　△△
　　　　　　　　　　　　　　　　　　　　昭和○○年○月○日生

　前記遺言者並びに立会い証人に読み聞かせたところ、いずれもこの遺言筆記の正確なことを承認して、それぞれ次に署名押印する。

　　　　　　　　　　　　○○　○○　㊞

　　　　　　　　　　　　□□　□□

　　　　　　　　　　　　△△　△△

　この遺言書は平成○○年○月○日、遺言者宅において、民法969条第１号乃至第４号所定の方法に従って作成し、同条第５号にもとづき次に署名押印する。
　　○○法務局所属
　　　○○市○区○○１丁目○番○○号
　　　　公証人
　　　　　　　　　　××　××

(4) 遺留分減殺請求

①遺留分減殺請求の期限

減殺の請求権は、遺留分権利者が相続の開始及び減殺すべき贈与又は遺贈があったことを知った時から１年間行使しないときは、時効によって消滅します。相続開始の時から10年を経過したときも同様です。

②消滅時効の進行を止める方法

消滅時効の進行を止める方法はいくつかあります。まず、一番簡単な方法は、配達証明付内容証明郵便を相手に送付する方法です。内容証明郵便の送付は、相手ごとに効力を生じますので遺留分が請求できる可能性がある人全員に対して内容証明郵便にて通知を送付することとなります。

(5) 留意点と課題

遺留分減殺請求について注意する必要があり、その旨を長女にも伝えておくことが重要です。

また、遺言書作成にあたっては、できるだけ遺留分を侵さない内容で作成することが望ましいことを、遺言者に伝えることも必要です。

第3章 ● 状況と要望にあわせた遺言書作成の具体例

資産家夫婦が金融機関と
遺言書を作成したケース

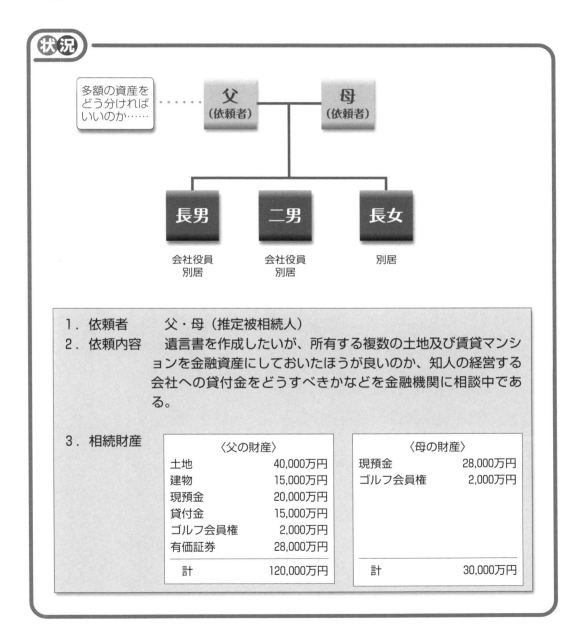

(1) 現状

　10億円以上の資産を保有しているので、相続を見据えて遺言書を作成したいと考えました。また、遺言書を作成するに至った理由のひとつには、今現在所有する財産を把握する目的もあります。

(2) 遺言書の作成

　金融機関に依頼して作成したので、作成時に『遺言執行引受予諾に関する契約書』を締結の上、公正証書遺言を作成しました。

　証人は、金融機関の担当者となっています。財産別に遺言執行者を指定することもできますので、遺言執行者は、金融資産及び不動産については金融機関とし、その他財産については、それぞれの財産について相続人を遺言執行者に指名しています。

　配偶者及び子3人は十分な所得があり、資産も保有しているので、相続財産は特にあてにしておらず、争いなどは起きない様子です。父母の意向を、「いつまでも仲の良い兄弟でいてくれることを願っています。」と付言事項でも記載しています。

　また、以前より知人の経営する会社に15,000万円の貸付金があり、今後の回収についても相談し、3者で協議の上、返済計画が作成できました。

(3) 遺言書

父の遺言書

平成○○年第○○2号
　　　　　　　　　遺　言　公　正　証　書
　本公証人は、遺言者○○D郎の嘱託により証人2名の立会いのもとに、次のとおり遺言者の口述を筆記して、この証書を作成する。
　　　　　　　　　　　　　本　　旨
第1条　遺言者は、遺言者の有する下記不動産を遺言者の妻・○○E子（昭和○○年○月○日生）に相続させる。
　但し、前記○○E子が遺言者よりも先に、あるいは遺言者と同時に死亡した場合は、本条において同人に相続させるとした財産は、遺言者の二男○○B太（昭和○○年○月○日生）に相続させる。
　　　　　　　　　　　　　　　　　：

第2条　遺言者は、遺言者の有する下記不動産（土地についての地上権を含む。）を遺言者の長男○○A太（昭和○○年○月○日生）に相続させる。
　　　　　　　　　　　　　　　　　：

第3条　遺言者は、遺言者の有する下記不動産を、前記○○B太に相続させる。
　　　　　　　　　　　　　　　　　：

第4条　遺言者は、遺言者の有する下記財産を、遺言者の長女△△C子（昭和○○年○月○日生）に相続させる。
　①　○○クラブゴルフ会員権
　②　○○カントリークラブゴルフ会員権
第5条　遺言者は、遺言者の有する下記財産を前記○○E子、前記○○A太、前記○○B太、前記△△C子に各々均等に相続させる。但し、前記○○E子が遺言者よりも先に、あるいは遺言者と同時に死亡した場合は、前記○○A太、前記○○B太、前記△△C子に各々均等に相続させる。
　株式会社○○○○（本社：○○市○○区○○町○番○号　代表取締役：××××）に対する貸付金

第8条　遺言者は、本遺言公正証書に記載のないその他一切の財産を、前記〇〇Ｅ子に相続させる。但し、前記〇〇Ｅ子が遺言者よりも先に、あるいは遺言者と同時に死亡した場合は、本条において同人に相続させるとした財産は、前記〇〇Ｂ太に相続させる。
第9条　遺言者は、下記の者を本遺言の遺言執行者に指定する。
　　但し、第4条、第5条及び第8条記載の財産は執行対象外とする。

記

　　　　〇〇市〇〇区〇〇町〇丁目〇番〇号
　　　　　株式会社〇〇銀行
　　但し、同遺言執行者は代理人をして遺言執行させることができ、その選任については同遺言執行者に一任する。
　　また、同遺言執行者は、相続人の同意を要しないで、金融機関における遺言者の権利に属する貸金庫を開放し、その内容物を取り出して遺言執行すること及び同貸金庫契約を解約することができる。
第10条　遺言者は、第4条記載の財産についての遺言執行者として、前記△△Ｃ子を指定する。なお、本条の遺言執行者は、代理人をして遺言執行させることができ、その選任については、同人に一任する。

～～～～～～～～～～～～～～～～～～～～～～～～～～～～～

第14条　第9条で指定した遺言執行者に対する執行報酬は、遺言者が株式会社〇〇銀行との間で締結した本日付「遺言執行引受予諾に関する契約書」の規定にもとづき計算した金額とする。
付言事項
　　私の相続手続で家族の手を煩わせることのないよう、この遺言書を…
　（略）　…母さんともよく相談した上で作成したものです。母さんも一緒に作っています。

…（略）…

　　いつまでも皆仲良く、困った時にはお互い助け合って末永く幸福に暮らしていってください。本当に恵まれた人生だったと感じています。ありがとう。

以上

母の遺言書

平成○○年第○○3号
　　　　　　　　　遺　言　公　正　証　書
　本公証人は、遺言者○○E子の嘱託により証人2名の立会いのもとに、次のとおり遺言者の口述を筆記して、この証書を作成する。
　　　　　　　　　　　　本　　旨
第1条　遺言者は、遺言者の有する下記財産を第6条で指定する遺言執行者に適宜換金解約させ、第10条記載の費用等を控除後の残金を、
　　遺言者の長男・○○A太（昭和○○年○月○日生）に4分の1、
　　遺言者の二男・○○B太（昭和○○年○月○日生）に4分の1、
　　遺言者の長女・△△C子（昭和○○年○月○日生）に2分の1の割合で、各々相続させる。
　　　　　　　　　　　　　記
　① 　株式会社○○銀行　　○○支店
　② 　株式会社□□銀行　　□□支店
　　　　　　　　　：
　　　　　　　　　：
　⑧ 　上記以外のその他金融機関
第2条　遺言者は、遺言者の有する下記財産を、遺言者の長女△△C子（昭和○○年○月○日生）に相続させる。
　① 　○○クラブゴルフ会員権
　② 　○○カントリークラブゴルフ会員権
第3条　遺言者は、遺言者の相続開始時に以下の不動産を有していいた場合は、同不動産を、前記○○B太に相続させる。
　不動産の表示
　① 　○○市○○町○○番　　　　宅地　　○○.○○㎡
　② 　○○市○○町○○番2　　　 宅地　　○○.○○㎡
　　　　　　　　　：

〰〰〰〰〰〰〰〰〰〰〰〰〰〰〰〰〰〰〰〰〰〰〰〰〰〰〰

第4条　遺言者は、遺言者の相続開始時に以下の財産を有していた場合には、同財産を、前記○○A太、前記○○B太、前記△△C子に各々均等に相続させる。
　　　株式会社○○○○（本社：○○市○○区○○町○番○号　代表取締役：×××）に対する貸付金
第5条　遺言者は、本遺言公正証書に記載のないその他一切の財産を、遺言者

の夫○○D郎（昭和○○年○月○日生）に相続させる。但し、前記○○D郎が遺言者よりも先に、あるいは遺言者と同時に死亡した場合は、本条において同人に相続させるとした財産は、前記○○B太に相続させる。

第6条　遺言者は、下記の者を本遺言の遺言執行者に指定する。
　　　但し、第2条、第4条及び第5条記載の財産は執行対象外とする。
記
　　　○○市○○区○○町○丁目○番○号
　　　　株式会社○○銀行
　　　但し、同遺言執行者は代理人をして遺言執行させることができ、その選任については同遺言執行者に一任する。
　　　また、同遺言執行者は、相続人の同意を要しないで、金融機関における遺言者の権利に属する貸金庫を開放し、その内容物を取り出して遺言執行すること及び同貸金庫契約を解約することができる。

第7条　遺言者は、第2条記載の財産についての遺言執行者として、前記△△C子を指定する。なお、本条の遺言執行者は、代理人をして遺言執行させることができ、その選任については、同人に一任する。

～～～～～～～～～～～～～～～～～～

第10条　第6条で指定した遺言執行者は、下記の費用等を本遺言の目的たる財産より支出することができる。
　　（1）遺言者の葬儀費用
　　（2）遺言者の未払租税公課その他の債務
　　（3）第6条で指定した遺言執行者の報酬
　　（4）本遺言の執行に要する一切の費用

第11条　第6条で指定した遺言執行者に対する執行報酬は、遺言者が株式会社○○銀行との間で締結した本日付「遺言執行引受予諾に関する契約書」の規定にもとづき計算した金額とする。

付言事項
　　私がこの遺言書を作成したのは、これからも家族みんなが仲良く幸せな生活を送ってくれることを願ってのことです。
　　財産の配分については、お父さんと一緒に○○家のことを考えて決めました。遺言書はお父さんと一緒に作っています。
　　　　　　　　　　…（略）…
　　きょうだい仲良くしてくれるのが私の一番の望みです。本当に幸せな人生を過ごさせてもらい感謝しています。ありがとう。

　　　　　　　　　　　　　　　　　　　　　　　　　　　　以上

(4) 留意点と課題

　父と母が同時に2人で作成しており、現時点では相続の起こる順番がわからないため、その時点で相続人のうち遺言者よりも先に死亡した人がいる場合のことまで考えて記載しなければなりません。

　また、父→母→子の順番で相続が発生したとしても、父の財産を母が相続した場合も考慮して記載しなければ、その時点で相続した財産をどうするのかを追加で記載しなければならない可能性があります。さらに、現在所有している不動産についても、いつまでもそのまま所有しているとは限りません。

(5) 遺言信託サービスについて

　本ケースでは、金融機関に依頼して遺言書を作成しましたが、いわゆる遺言信託サービスとはどのような内容なのでしょうか。実は遺言書作成の依頼者からも問い合わせの多い事案です。

・遺言信託サービスの内容

　信託銀行の遺言信託サービスは、細かい点で違いはあるものの概ね以下の内容となります。

> ① 遺言の作成についてのアドバイス・コンサルティング
> ② 遺言の保管
> ③ 相続の際に遺言の内容どおりに手続きを執行（遺産整理業務）

① **遺言の作成についてのアドバイス・コンサルティング**

　遺言の作成は通常、公正証書遺言となりますから、最終的には公証役場で作成することになります。信託銀行では、この遺言書の内容をまとめ原案を作成するものとなるようです。その原案を公証役場に持って行き、そこで作成手続に移ることになります。もちろん、証人をつけるサービスもあるようです。

② **遺言の保管**

　遺言書を保管するサービスもあります。ご本人が保管してもよいのですが、親族に知られたくないなどの理由から遺言の保管サービスがあるのでしょう。

③ **相続の際に遺言の内容どおりに手続きを執行（遺産整理業務）**

　相続手続の代行がこのサービスです。手続きに慣れた銀行が行いますから、手間や時間的な負担は少なくなるものと思われます。

・遺言信託は信託とは関係ない

　なお、遺言信託は信託という名前がついていますが、「財産を預けて運用・管理してもらう」という本来の信託の意味とは関係ありません。遺言の作成サポートを行い、実際に相続の場面になったら一連の相続手続サービスを行う、信託銀行の商品名に過ぎません（第１章⑰もご参照ください）。

第3章●状況と要望にあわせた遺言書作成の具体例

付言事項を詳細に記載することで争いを回避したケース

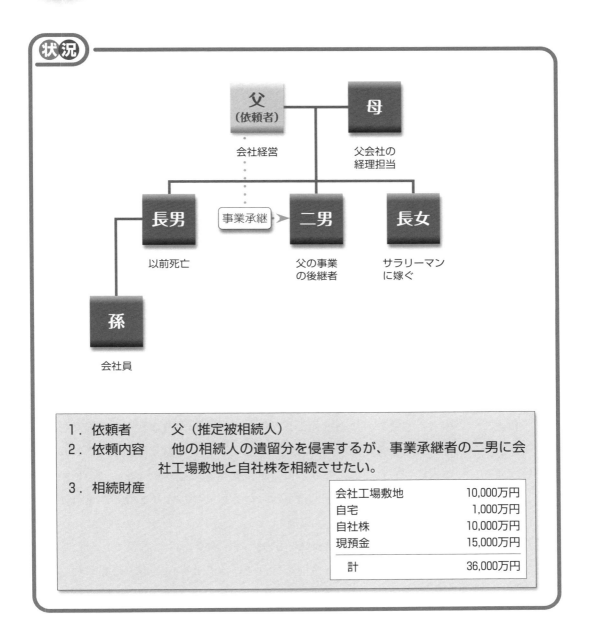

(1) 法定相続人と遺留分

　父の法定相続人は母・二男・長女・孫の4人です。それぞれの法定相続分は母$\frac{1}{2}$、二男・長女・孫は各$\frac{1}{6}$となります。母・二男・長女・孫は、被相続人の兄弟姉妹以外の相続人であることから母には$\frac{1}{4}$、二男・長女・孫には各$\frac{1}{12}$の遺留分があります。

　遺留分とは、相続に際して兄弟姉妹以外の相続人が法律上取得することを保障されている相続財産の一定割合のことをいいます。その割合は相続人が直系尊属のみである場合は被相続人の財産の$\frac{1}{3}$、それ以外の場合は被相続人の財産の$\frac{1}{2}$となります。また、この遺留分は被相続人の生前の贈与又は遺贈によっても奪われることがないものです。

　遺留分を侵害された者は、贈与又は遺贈を受けた者に対して遺留分侵害の限度で贈与又は遺贈の効力を消滅させることができます（遺留分減殺請求）。

　遺留分減殺の請求権は、遺留分権利者が、相続の開始及び減殺すべき贈与又は遺贈があったことを知った時から1年間行使しないときは消滅します。また、相続開始の時から10年を経過したときも消滅します。

(2) 遺言書の作成

　父は、自社株が分散すると、事業の経営をめぐり、今後争いが起こることを心配しています。また、事業継続に絶対必要な工場敷地についても、共有などで事業に関わっていない者が取得することになれば争いになる可能性があります。その親族間の争いが事業の存続に影響を及ぼすことを考慮すると、事業を承継する二男に、その事業に係る工場の敷地及び自社株のすべてを相続させたいと考えています。

　そのほか、現預金の半分は納税資金として二男に、残りの現預金及び自宅は妻に相続をさせる旨の遺言書を作成したいと考えています。依頼者の父自身も遺留分の存在を知った上での相談でしたので、遺留分の放棄を孫と長女に行ってもらうのはどうかと提案しましたが、生前に遺留分の放棄を言い出すのは気が向かないとのことでした。そのかわり、自分自身の考えを相続人にきちんと伝えたいので、遺言執行者になってほしいとの依頼を受けました。くわえて、自分自身の思いを付言事項という形ではっきりと残した遺言書の作成を行いましょうということになりました。

　長女には長女が受取人となっている1,000万円の生命保険をかけてありました。孫には長男が生前に自宅を購入する際に相当な援助を行っていることも付言事項に記載し、また、母が父よりも先になくなった場合は、自宅は長女に、現預金は長女と孫に$\frac{1}{2}$ずつ相続させるように予備的遺言を追加することで、遺留分のことも考慮しての遺言だということを暗に表す内容にしました。また、もしも争いになった場合、他の相続人の同意なしで工場

敷地の登記ができることを考え、公正証書遺言を作成しました。

・**遺留分の放棄**（第1章⑪(4)遺留分の放棄 24ページ参照）

遺留分を有する相続人は、相続の開始前に、家庭裁判所の許可を得て、あらかじめ遺留分を放棄できます。ただし、遺留分を放棄することに相当の理由がないと家庭裁判所は放棄許可しません。

・**遺留分放棄の許可**

①	申立人	遺留分を有する相続人
②	申立ての時期	相続開始前
③	申立先	被相続人の住所地の家庭裁判所
④	申立てに必要な費用	収入印紙800円分・連絡用の郵便切手
⑤	申立てに必要な書類	申立書・被相続人の戸籍謄本・申立人の戸籍謄本

・**遺留分放棄の許可申立書の書式及び記載例**

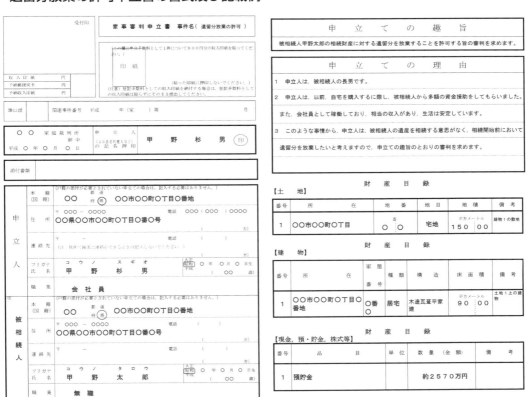

（出典：裁判所ホームページ）

(3) 税額試算

対策後　　　　　　　　　　　　　　　　　　　　　　　　　　　　（単位：万円）

	母	二男	長女	孫	合計
会社工場敷地		10,000	—	—	10,000
自　宅	1,000		—	—	1,000
自　社　株		10,000	—	—	10,000
現　預　金	8,000	7,000	—	—	15,000
課　税　価　格	9,000	27,000	0	0	36,000
基　礎　控　除　額		5,400			5,400
相続税の総額		6,910			6,910
各人の算出税額	1,727	5,183	—	—	6,910
配偶者の税額軽減	△1,727	—	—	—	△1,727
相　続　税　額	0	5,183	0	0	5,183

(4) 留意点と課題

　付言事項とは、法律上遺言として効果が認められる法定遺言事項以外の内容であり、具体的には遺言書を書くこととなった経緯や気持ち、相続人や関係者に対する感謝の気持ち、葬儀の方法や献体についてなどを記載します。付言事項として書かれた内容は法的拘束力を持ちません。しかし、被相続人から相続人に対する気持ちなどを記載することにより、相続人による不要な争いを避けるために有効な場合があります。

　付言事項には法的拘束力はないため、遺言者の思いを込めたとしても、遺留分の減殺請求が行われる可能性があります。

　その場合、このケースでは二男は代償金の支払いを行わなければならなくなります。そのため、二男には現預金を納税資金より多めに相続させることとしました。

(6) 付言事項

　私は、昭和〇〇年に事業を開始して、高度経済成長と共に順調に事業も成長し、平成〇年には会社組織とし、また、平成〇〇年からは二男を当社に迎え、二男の力も借りてその後の不況にも負けず、なんとか今日まで事業を続けることができました。これはひとえに家族みんなの協力があったからだと感謝しています。

　子ども達が小さい頃は、事業を開始したばかりだということもあり、あまり一緒に遊んだり勉強を見てやったりする時間もとれず、さみしい思いをさせたことだと思います。しかし最近では少し余裕もでき、年に何回かは家族全員で集まって食事もできるようになりました。この家族全員での食事会はいつも心待ちで、とても楽しみな行事でした。私が旅立った後も継続して食事会を続けてください。その時には私のことを少しでも思い出して話をしてください。

　さて遺言を書くにあたり私の思いをここに残しておこうと思います。

　私のこの世で一番大切なものは、家族と会社です。ここに優劣はありません。

　長男はとても優しい子でした。誕生日や父の日など記念日には欠かさずにプレゼントをくれました。本当にうれしかったです。自宅を購入する際に一緒に物件の見学に行ったり、将来的に一緒に住めればと思って援助もしました。しかし長男は早くに亡くなってしまいとてもさみしいですが、その分、孫が時々顔を出してくれ話し相手になってくれています。父親譲りの優しい孫です。

　長女は、たった一人の女の子であり可愛くないわけがありません。小学校の時の運動会で楽しそうにダンスを踊っていた姿を思い出します。また思春期になっても一緒に買い物や映画などに出かけてくれてありがとう。友達からとてもうらやましがられました。そして私が身体を壊してからは、いろいろと面倒をかけることも増えましたが、嫌な顔をすることもなく、いろいろと手伝いをしてくれて本当に感謝しています。ありがとう。

　そして妻、事業を開始したときから協力して一緒に盛り上げてくれてありがとう。そしてこんなにも大切な子ども達を生んでくれてありがとう。資金繰りに困ったときに助けてくれてありがとう。看病をしてくれてありがとう。感謝の言葉がつきません。妻と結婚できたことが私の人生を大きく変えたのだと思います。そしてこんなに幸せな人生を歩めました。本当にありがとう。

　二男は株式会社〇〇の経営を引き継いで順調に経営を行ってくれています。事業を継いでくれ、私の大切なものを一生懸命守ってくれています。息子が事業を継いでくれるなんてこんなに幸せなことはないと友達からうらやましがられています。本当にありがとう。いろいろと経営上の意見の食い違いでけんかしたこともありましたが、成長した二男を誇らしく思っていました。今後の事業継続のこと、従業員のこと、競争の激しい会社経営において環境の変化に対応していくためには、選択と集中が必要となりスピードある決断がとても大

切だと考えます。そこで会社経営に関わる工場の敷地と株式については、すべて二男に相続させることにしました。
　家族のみんなにはわかって欲しいと思います。大切な事業を今後も続けていくためには大切なことです。
　長女にはこれまでの感謝の気持ちとして保険受取人となっている生命保険を残します。
　二男は会社を守っていくこともですが、私亡き後妻の世話もお願いします。知ってのとおりちょっと口うるさい妻ですが、今後は私の看病もなくなります。楽しく余生を過ごさせてあげてください。
　まだまだ語り足りないですが、こんなに大切な家族を残して旅立つのは残念な気持ちもあります。後の事は二男を中心に家族仲良く支え合っていてくれることと思っていますので安心しています。
　最後に妻、二男の嫁、長女には、身体を壊してからは何かと迷惑をかけてしまって大変申し訳なく思うと共に、感謝の気持ちでいっぱいです。今後もみんなで力をあわせて家族が支え合っていって欲しいと思います。本当にしあわせな人生でした。ありがとう。

第3章●状況と要望にあわせた遺言書作成の具体例

自筆証書遺言の不足分を追加して公正証書遺言を作成したケース

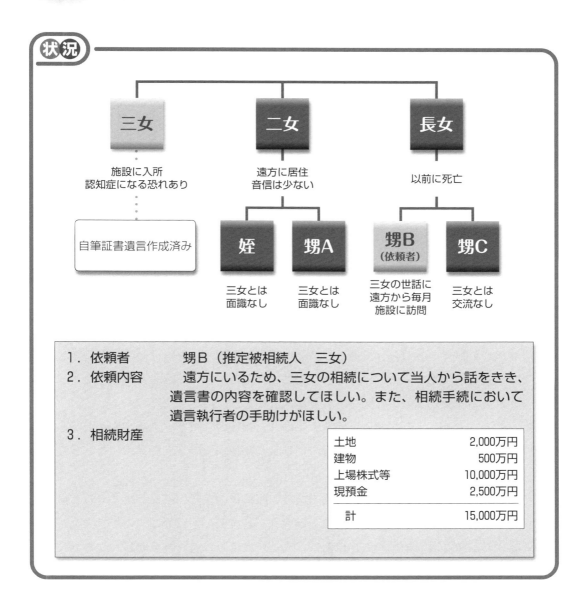

(1) 法定相続人

推定被相続人である三女の現在の法定相続人は二女及び長女の代襲相続人である甥B・甥Cの3名です。したがって法定相続分は二女は$\frac{1}{2}$となり、甥B・甥Cはそれぞれ$\frac{1}{4}$となります。しかし、二女も高齢のため仮に二女が亡くなった場合の法定相続人は甥A・姪・甥B・甥Cの4人となり、法定相続分は各$\frac{1}{4}$となります。

各推定相続人は兄弟姉妹及びその代襲者のため各推定相続人には遺留分はありません。

(2) 遺言書を作成

三女にその自筆証書遺言の内容を確認したところ、「二女に上場企業の株式を相続させる。その他の財産すべてを甥Bに相続させる。」という内容だということでした。

遺言の内容としては問題がないものの、自分自身よりも高齢な二女に対して相続させる遺言は、二女が先に亡くなった場合、その遺言により二女に相続させるつもりであった上場企業の株式については、姪・甥Aに代襲されることはなく、上場企業の株式の部分についての遺言の効力がなくなります。そうなると二女に相続させるつもりであった財産は、法定相続人間での遺産分割協議を行わなければならなくなります。

つまりこの事例の場合は交流のない甥Cや面識もない姪及び甥Aにも上場会社の株式に対して相続権が発生することになり、そうなった場合、三女の意思が反映されない可能性があります。

もし三女よりも先に二女が亡くなった場合はどのようにしたいかを、三女に確認したところ、すべての財産を甥Bに相続させたいということでした。

そこで、遺言者である三女よりも二女が先に死亡した場合には甥Bに相続させるという文言を追加する予備的遺言の作成をアドバイスしました。

また、甥Bの意向により相続財産が遠方にあり、相続の手続きをすることが困難となる可能性があることを考慮して、遺言執行者に甥B及び税理士の2人を定めることとしました。

自筆証書遺言では検認の手続きが必要であり、相続後の登記手続などを考えると自筆証書遺言よりも公正証書遺言を作成しておくほうが、名義変更手続等についてもスムーズであることから、依頼者も納得の上、以前に作成した自筆証書遺言を撤回し、改めて公正証書遺言の作成を行いました。

(3) 遺言書

平成○○年第○○号

遺言公正証書

本職は、遺言者三女□□□□の嘱託により、証人○○○○、同△△△△の立会いの下に遺言者の下記口述を筆記し、この証書を作成する。

第1条　遺言者は、これまでに作成した遺言書について、すべてを撤回し次条以下のとおり遺言する。

第2条　遺言者は遺言者の所有する次の財産を遺言者の姉二女＊＊＊＊に相続させる。ただし姉二女＊＊＊＊が遺言者の死亡以前に死亡したときは、その財産を甥○○Ｂ郎に相続させる。

　　　　株式会社　○○商事の株式　　　10,000株

第3条　遺言者は、遺言者の所有する第2条に記載する財産以外のすべての財産を相続人甥○○Ｂ郎に相続させる。

第4条　遺言者は、この遺言の執行者として下記のものを指定する。ただし遺言執行者は，第三者にその任務を行わせることができる。

　　　　住所
　　　　氏名　　　　甥○○Ｂ郎
　　　　生年月日

　　　　住所
　　　　氏名　　　　税理士　　○○○○
　　　　生年月日

第5条　遺言執行者の報酬は、相続税評価額の○パーセントとする。執行報酬及び執行に関する交通費その他の実費は、遺言者の有する預貯金から優先的に支出できるものとする。

(4) 遺言書の種類

　自筆証書遺言は手軽に遺言を残せるため、遺言者からすれば最も手ごろな遺言書の種類です。しかし法律に定められた様式に従わなければ無効になる恐れがあります。また相続人及び受遺者の立場から考えると検認手続が必要となります。登記手続においても自筆証書遺言の場合は、検認済証明書を添付した遺言書原本が必要となります。それと比較して公正証書遺言は公証人が作成するため法律的な不備がありません。また、公正証書遺言に

は検認手続は必要なく、登記手続においても遺言公正証書の正本を添付すればよいため、名義変更手続を考えるとスムーズに手続きを行うことができます。公正証書遺言は公証人に支払う費用はかかりますが、メリットを説明し、納得を得た上で公正証書遺言を作成することに決定しました。後日、三女が入所中の施設まで公証人に出張してもらい、無事に公正証書遺言を作成することができました。

(参考) 遺言書の検認

① 遺言書の検認の概要

遺言書（公正証書による遺言を除く。）の保管者又はこれを発見した相続人は、遺言者の死亡を知った後、遅滞なく遺言書を家庭裁判所に提出して、その「検認」を請求しなければなりません。また、封印のある遺言書は、家庭裁判所で相続人等の立会いの上開封しなければならないことになっています。

検認とは、相続人に対し遺言の存在及びその内容を知らせるとともに、遺言書の形状、加除訂正の状態、日付、署名など検認の日現在における遺言書の内容を明確にする手続きであり、これにより遺言書の偽造・変造を防止することになります。遺言の有効・無効を判断する手続きではありません。

② 申立人
- 遺言書の保管者
- 遺言書を発見した相続人

③ 申立先

遺言者の最後の住所地の家庭裁判所

④ 申立てに必要な費用
- 遺言書（封書の場合は封書）1通につき収入印紙800円
- 連絡用の郵便切手

⑤ 申立てに必要な書類
- 申立書
- 標準的な添付書類

（第1章⑮遺言書の検認手続35ページ参照）

遺言書の検認申立書の書式及び記載例

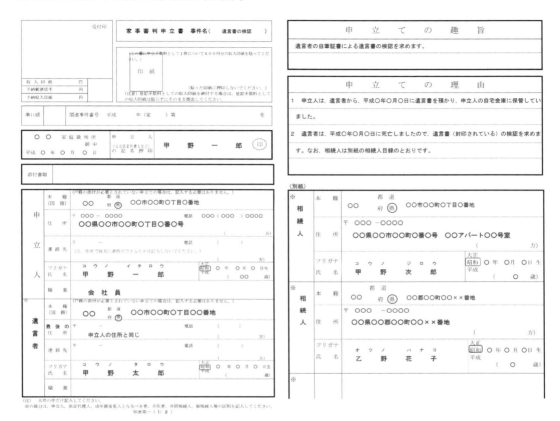

（出典：裁判所ホームページ）

手続きの内容に関する説明 (参考：裁判所ホームページ遺言書の検認)

Q1. 相続人には、検認手続が行われることを誰が連絡するのですか。また、相続人のなかには、高齢で出頭できない人がいるのですが、問題ありませんか。

A. 相続人には、申立後、家庭裁判所から検認期日（検認を行う日）を通知します。申立人以外の相続人は検認期日に出席する義務はなく、出席するかどうかは、各人の判断に任されており、全員がそろわなくても検認手続は行われます。

Q2. 検認期日には何を持って行けばよいのですか。

A. 申立人は、遺言書、申立人の印鑑、そのほか家庭裁判所から指示されたものを持参してください。特に、遺言書は忘れないように、必ず持参してください。

Q3. 検認期日には、どのようなことを行うのですか。

A. 申立人から遺言書を提出していただき、出席した相続人などの立会いのもと、封筒を開封し、遺言書を検認します。

Q4. 検認が終わった後は、どうすればよいのですか。

A. 遺言の執行をするためには、遺言書に検認済証明書が付いていることが必要ですので、検認済証明書の申請（遺言書1通につき150円分の収入印紙と申立人の印鑑が必要となります。）をしてください。

（参考）遺言執行者に関する民法の規定

遺言執行者は、遅滞なく相続財産の目録を作成して、相続人に交付しなければならない。（民法1011条）

遺言執行者は相続財産の管理その他遺言の執行に必要な一切の行為をする権利義務を有する。（民法1012条）

遺言執行者がある場合には、相続人は相続財産の処分その他遺言の執行を妨げるべき行為をすることができない。（民法1013条）

遺言執行者は相続人の代理人とみなす。（民法1015条）

遺言執行者はやむ負えない事由がなければ、第三者にその任務を行わせることができない。ただし、遺言者がその遺言に反対の意思を表示したときはこの限りでない。（民法1016条）

家庭裁判所は相続財産の状況その他の事情によって遺言執行者の報酬を定めることができる。ただし、遺言者がその遺言に報酬を定めたときはこの限りでない。（民法1018条）

(5) 税額試算

対策後
(単位：万円)

	二女	甥B	甥C	合計
土　　　　　地	−	2,000	−	2,000
建　　　　　物	−	500	−	500
上　場　株　式　等	10,000	−	−	10,000
現　　預　　金	−	2,500	−	2,500
課　税　価　格	10,000	5,000	0	15,000
基　礎　控　除　額		4,800		4,800
相　続　税　の　総　額		1,495		1,495
各　人　の　算　出　税　額	997	498	−	1,495
相続税額の2割加算	199	99	−	298
相　　続　　税　　額	1,196	597	0	1,793

※　甥Cは遺留分権利者ではないことから、遺産を相続することはできません。

　三女よりも先に二女が死亡し、予備的遺言により甥Bがすべての財産を相続することになった場合の相続税は、法定相続人は4人（姪、甥A、甥B及び甥C）となり、甥Bに対する相続税は1,488万円（相続税額の2割加算後）になります。

(6) 留意点と課題

　遺言により指定された受遺者（相続人）が遺言者より先に死亡した場合、予備的遺言を行っていない場合は、遺贈は失効するため、法定相続人による遺産分割協議が必要となり、遺言者の意思どおりの分割が行われない可能性があります。

　特に自筆証書遺言では検認手続が必要となります。その検認手続は遺言者の住所地の家庭裁判所で行わなければならないため、相続人が遠方に居住している場合、相当な手間がかかります。また添付の書類が煩雑です。

　遺言の執行までを考えると、公正証書遺言の作成がトラブルを避けるためにはベターだと考えられます。

ケース9 介護をしてくれた甥に財産を渡したいケース

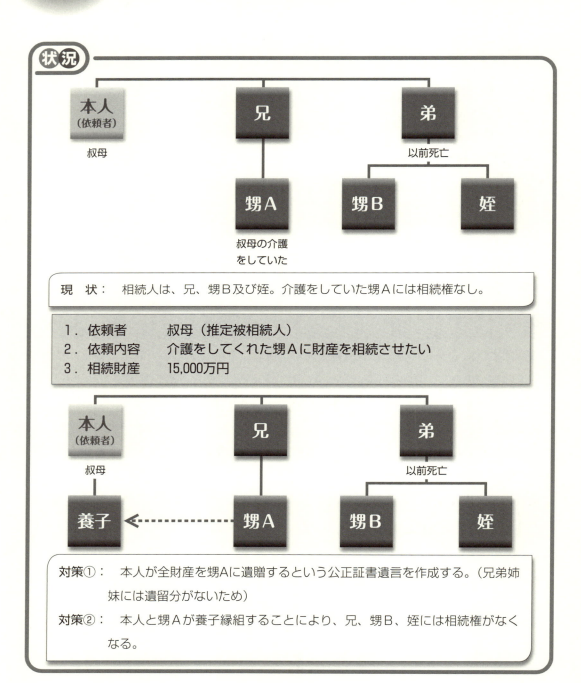

現　状：　相続人は、兄、甥B及び姪。介護をしていた甥Aには相続権なし。

1．依頼者　　　叔母（推定被相続人）
2．依頼内容　　介護をしてくれた甥Aに財産を相続させたい
3．相続財産　　15,000万円

対策①：　本人が全財産を甥Aに遺贈するという公正証書遺言を作成する。（兄弟姉妹には遺留分がないため）

対策②：　本人と甥Aが養子縁組することにより、兄、甥B、姪には相続権がなくなる。

(1) 法定相続人について

このケースでは本人に相続が発生すると、配偶者、子、父母がいないので兄弟姉妹が相続人になります。また、兄弟姉妹が死亡している場合、その子が代襲相続人になります。

現状では甥Aの父（被相続人の兄）は生きているため、甥Aは法定相続人とはならず相続する権利はありません。

(2) 対策

本人が生前に甥Aに財産を遺贈するという遺言書を作成すると、兄弟姉妹に遺留分はないので、財産を本人の介護をしてくれた甥Aに渡すことができます。

また、本人が甥Aと養子縁組すると、法定相続人は甥Aのみになるため遺言書を作成しなくても財産を甥Aに渡すことができます。

どちらの方法がよいかを考慮した上ですすめるとよいでしょう。

(3) 税額試算

相続税負担は、現状では法定相続人が3人ですが、養子縁組後は法定相続人が1人となるため養子縁組をしたほうが相続税の負担が1,066万円多くなってしまいます。相続税負担のことを優先するのであれば遺言書を作成するほうがよいといえます。

(単位：万円)

	①遺言書で対応	②養子縁組で対応
相 続 財 産 総 額	15,000	15,000
基 礎 控 除	4,800	3,600
課 税 価 格	10,200	11,400
相 続 税 額	1,794	2,860

(注) ①は2割加算適用後

(4) 留意点と課題

① 遺言書の種類について

このケースでは公正証書遺言を選択するほうがよいといえます。

その理由は、法的形式要件が満たされることと、公証人が遺言者本人と直接会い、意思確認を行うので、相続後に法定相続人から遺言書の無効の主張を受けにくくなるなどの理由からです。

② **遺言書の無効に対抗するために**

　法定相続人が遺言書作成時の本人に意思能力がないとして遺言書の無効を主張することもありますので、そのような指摘を受けても大丈夫なように健康状態のメモや医師の診断書などを用意しておくとよいでしょう。

(5) 遺言書

遺言公正証書

本公証人は、下記遺言者の嘱託により証人2名立会いのもとに、その遺言の趣旨の口述を次に筆記し、この証書を作成する。

本　　　旨

遺言者本人（叔母）（以下遺言者という。）は以下のとおり遺言する。

第1条　遺言者は、その所有する不動産を遺言者の甥A（昭和〇〇年〇月〇日生）に遺贈する。
　　（1）所　　在
　　　　 地　　番
　　　　 地　　目
　　　　 地　　積
　　（2）…
　　（3）…

第2条　遺言者は、遺言者の所有するすべての金融資産（下記の金融機関にて契約中の預貯金・信託等の金銭債権、株式・債権等の有価証券を含む）を前記甥A（昭和〇〇年〇月〇日生）に遺贈する。
　　（1）〇〇〇銀行　〇〇支店
　　（2）〇〇〇銀行　〇〇支店
　　（3）〇〇〇銀行　〇〇支店
　　（4）上記（1）乃至（3）以外の遺言者と取引のある金融機関のすべて

第3条　遺言者は、前条までに記載の財産以外の一切の財産を　前記甥A（昭和〇〇年〇月〇日生）に遺贈する。

第4条　遺言者は、下記債務・費用を前記甥Aに負担させる。
　　（1）遺言者が生前に負担していた一切の残存債務・公租公課
　　（2）遺言者の葬式に関して支出する一切の諸費用

第5条　前記甥Aにおいて遺言者の相続開始以前に死亡等により遺言の効力を生じないとき、又は遺贈を放棄したときは、前条までに基づき同人に遺贈す

べき当該財産を、同人の法定相続人に法定相続割合で遺贈する。
第6条　遺言者は、遺言執行者として次の者を指定する。なお遺言執行者がその業務の遂に関して必要と認めたときは、第三者に履行補助をさせることができる。
　　　遺言執行者　　＊＊＊＊

本旨以外事項

　上記遺言者及び証人に読み聞かせたところ、各自筆記の正確なことを承認し、次に署名押印する。
　　　　遺言者　　〇〇〇〇　　　㊞
　　　　証人　　　××××　　　㊞
　　　　証人　　　△△△△　　　㊞
　この証書は民法第969条第1号ないし第4号の方式に従って作成し同条第5号に基づいて次に署名押印するものである。
平成〇〇年〇月〇日
本公証役場において
　　　〇〇法務局所属
　　　　公証人　　□□□□
　　　　住所
　　　　職業
　　　　遺言者　　〇〇〇〇

ケース10 氏（苗字）を変えずに特定の人に確実に財産を渡したいケース

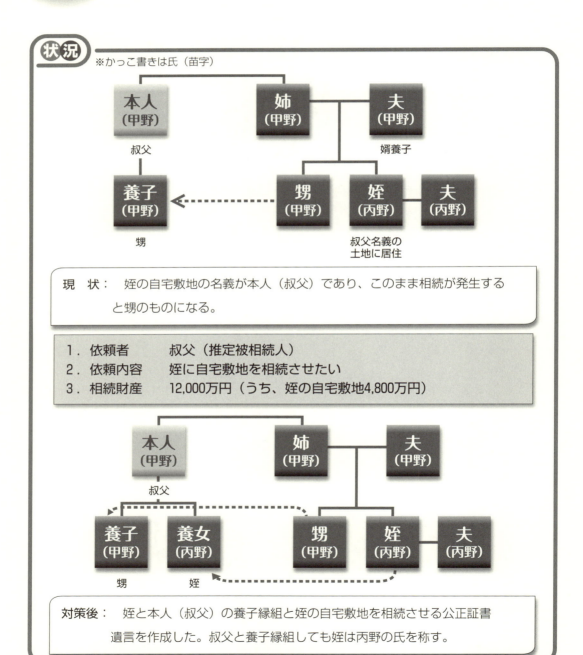

状況 ※かっこ書きは氏（苗字）

現　状：　姪の自宅敷地の名義が本人（叔父）であり、このまま相続が発生すると甥のものになる。

1. 依頼者　　叔父（推定被相続人）
2. 依頼内容　姪に自宅敷地を相続させたい
3. 相続財産　12,000万円（うち、姪の自宅敷地4,800万円）

対策後：　姪と本人（叔父）の養子縁組と姪の自宅敷地を相続させる公正証書遺言を作成した。叔父と養子縁組しても姪は丙野の氏を称す。

(1) 法定相続人について

このケースでは本人に相続が発生すると養子である甥が相続人となり、姪には財産を相続する権利はありません。現状のままで相続をむかえると、姪は、自分の兄（甥）の土地に、自宅がある状態となります。

(2) 対策

依頼者である叔父本人が生前に姪に自宅の敷地を遺贈するという遺言書を作成すると財産を姪に渡すことができます。しかし自分の兄（甥）には遺留分がありますので、その点に配慮した遺言書を作成しておいたほうがよいかもしれません。

また、叔父本人が姪と養子縁組すると、法定相続人は甥と姪の2人となり遺言書の作成がない場合、法定相続人で遺産分割協議をすることとなります。姪と養子縁組をすると兄（甥）の遺留分は少なくなるものの権利は残ります。完全な解決方法はありませんが、叔父本人と姪との養子縁組と遺言書をセットにすることが無難な方法だといえるでしょう。

(3) 税額試算

相続税負担については現状では法定相続人が1人ですが、姪との養子縁組後は法定相続人が2人となるため、養子縁組をしたほうが相続税の負担が805.6万円減少します。相続税負担のことを優先するのであれば姪との養子縁組と遺言書作成をセットにするほうがよいといえます。

（単位：万円）

	①遺言書のみで対応	②養子縁組と遺言書のセットで対応
相続財産総額	12,000	12,000
基礎控除	3,600	4,200
課税価格	8,400	7,800
相続税額	1,965.6	1,160

（注）①は姪に2割加算適用後

(4) 留意点と課題

① 遺留分について

　このケースでは相続財産総額が12,000万円で甥の遺留分は6,000万円（12,000万円×1（法定相続分）×$\frac{1}{2}$）のため遺留分を侵害していません。また、姪も養子縁組すると甥の遺留分は3,000万円（12,000万円×$\frac{1}{2}$（法定相続分）×$\frac{1}{2}$）と更に遺留分の額は小さくなります。もし、遺留分を侵害する場合は遺留分減殺請求を受けた際の対処法を事前に検討しておく必要があります。

② 養子縁組と氏の関係

　このケースでは、姪は婚姻の際に氏を改めた者（筆頭者の配偶者）に該当するため、婚姻の際の氏を称している間は養子縁組しても氏の変動、戸籍の変動はありません。

　養子となった者は戸籍に縁組事項が記載されますが、その後離婚や夫の死亡後に復氏をした場合には養親の氏を称することとなります。

(5) 遺言書

遺言公正証書

本公証人は、下記遺言者の嘱託により証人2名立会いのもとに、その遺言の趣旨の口述を次に筆記し、この証書を作成する。

本　　旨

遺言者本人（叔父）（以下遺言者という。）は以下のとおり遺言する。

第1条　遺言者は、その所有する次の財産を遺言者の養子（甥）（昭和○○年○月○日生）に相続させる。

　　　（1）土地　①
　　　　　所　　在
　　　　　地　　番
　　　　　地　　目
　　　　　地　　積
　　　（2）預金　○○○銀行　○○支店

第2条　遺言者は、その所有する不動産を遺言者の養女（姪）（昭和○○年○月○日生）に相続させる。

　　　（1）土地　②
　　　　　所　　在
　　　　　地　　番
　　　　　地　　目
　　　　　地　　積

第3条　遺言者は、前条までに記載の財産以外の一切の財産を前記養子（甥）に相続させる。
第4条　遺言者は、下記債務・費用を前記養子（甥）に負担させる。
　　　（1）遺言者が生前に負担していた一切の残存債務・公租公課
　　　（2）遺言者の葬式に関して支出する一切の諸費用
第5条　前記養子（甥）及び養女（姪）において遺言者の相続開始以前に死亡等により遺言の効力を生じないとき、又は遺贈を放棄したときは、前条までに基づき同人に遺贈すべき当該財産を、同人の法定相続人に法定相続割合で遺贈する。
第6条　遺言者は、遺言執行者として次の者を指定する。なお遺言執行者がその業務の遂に関して必要と認めたときは、第三者に履行補助をさせることができる。

　　遺言執行者　　＊＊＊＊

　　　　　　　　　　　本旨以外事項
　上記遺言者及び証人に読み聞かせたところ、各自筆記の正確なことを承認し、次に署名押印する。
　　遺言者　　　○○○○　　　㊞
　　証人　　　　××××　　　㊞
　　証人　　　　△△△△　　　㊞
　この証書は民法第969条第1号ないし第4号の方式に従って作成し同条第5号に基づいて次に署名押印するものである。
　　平成○○年○月○日
　　本公証役場において
　　○○法務局所属
　　　公証人　　　□□□□
　　　住所
　　　職業
　　　遺言者　　　○○○○

公正証書遺言の記載事項に間違いがあったケース

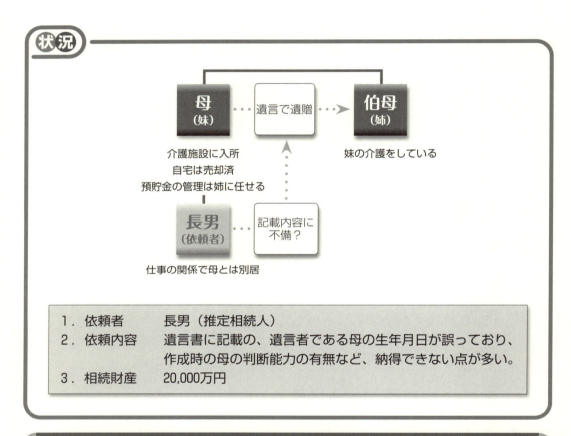

1. 依頼者　　長男（推定相続人）
2. 依頼内容　遺言書に記載の、遺言者である母の生年月日が誤っており、作成時の母の判断能力の有無など、納得できない点が多い。
3. 相続財産　20,000万円

(1) 現状

　依頼者である長男は仕事の関係で母と別れて暮らしており、介護が必要となった母は、近くに住む伯母に面倒を見てもらうことが次第に多くなっていました。介護施設に入っていた母は自宅を売却しており、預貯金の管理は伯母に任せていました。

　母が亡くなり、遺産整理をはじめると、伯母が母の多額の預貯金を引き出していた事実や、伯母に財産の$\frac{1}{2}$を遺贈するとの遺言書が見つかりました。

(2) 遺言書の問題点

遺言書は、伯母が母の財産（20,000万円）の$\frac{1}{2}$の遺贈を受ける内容の公正証書遺言が作成されていました。また、「本公証人はその氏名等を知り、かつ面識がある。」との記載があり、遺言者である母の生年月日に誤りがありました。

長男は、遺言書作成時の母はすでに判断能力に問題があったのではないか、また、他人が母になりすまして遺言書を作成していたのではないのか、と疑いを抱きました。

(3) 対策

そこで、遺言書の法的要件を満たさず、かつ、母が自らこのような遺産分割の意思を残すはずはないとの思いから、長男は遺言書無効の訴えを起こしました。

通常、公正証書遺言は印鑑証明書、戸籍謄本等を確認して誤りを生じることはありませんが、遺言書の法律要件の欠如により、想いを残した遺言書の内容が実現されないことが起こる可能性も考えられます。公正証書遺言といえども、その遺言に関与する専門家は、詳細の確認を怠らないことが大切です。

(4) 遺言書

　　　　　無　　職
　　　　　遺言者　　　　　　　　　　　　〇〇　〇子
　　　　　　　　　　　　昭和〇〇年〇月〇〇日生　← 要確認
　　　上記は、本公証人はその氏名等を知り、かつ、面識　← 要確認
　　がある。

　　　　　〇〇県〇〇市〇〇　3丁目〇番〇号
　　　　　会社員
　　　　　証人　　　　　　　　　　　　〇〇　〇男
　　　　　　　　　　　　昭和〇〇年〇月〇〇日生

　　　　　〇〇県〇〇市〇〇　2丁目〇番〇号
　　　　　会社員
　　　　　証人　　　　　　　　　　　　△△　△介
　　　　　　　　　　　　昭和〇〇年〇月〇〇日生
　　以上を遺言者及び証人に読み聞かせ、かつ、閲覧させたところ、いずれも
　　筆記が正確であることを承認し、次に署名押印する。

　　　　　　　　　　　　　　　遺言者　　　〇〇　〇子　㊞
　　　　　　　　　　　　　　　証人　　　　〇〇　〇男　㊞
　　　　　　　　　　　　　　　証人　　　　△△　△介　㊞

第3章●状況と要望にあわせた遺言書作成の具体例

遺言書の内容が不十分で
相続人がもめてしまったケース

状況

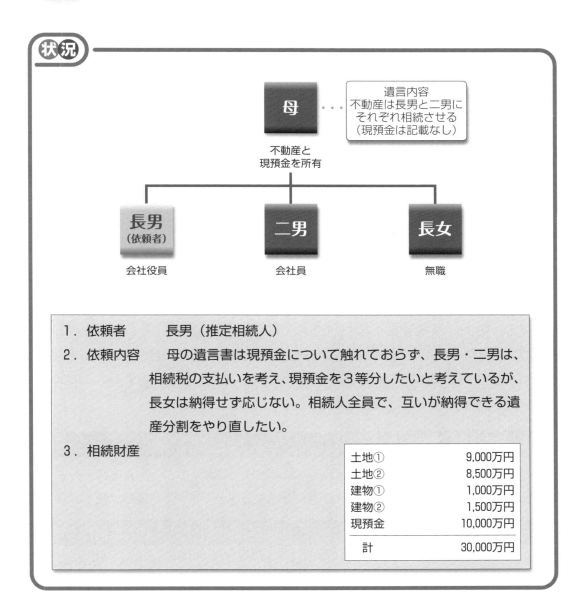

(1) 現状

母の遺言書には、長男に土地①（9,000万円）、建物①（1,000万円）、二男に土地②（8,500万円）、建物②（1,500万円）を相続させる旨と、「兄弟3人仲良く暮らして欲しい」との付言事項が添えられていました。

しかし、現預金（10,000万円）については、遺言書には触れられておらず、長男と二男は相続税の支払いもあるため、現預金を3等分したいと考えていましたが、長女の遺留分が5,000万円（30,000万円×$\frac{1}{3}$×$\frac{1}{2}$）であるため長女は納得せず、分割に応じなかったため、相続税の申告期限内に遺産分割が完了できませんでした。

しかしながら、遺言書の付言事項に「3人仲良く」と書いた母の想いをくみ、相続人全員で互いが納得できる遺産分割にやり直したいと考えています。

(2) 対策

まず、遺言書の内容に従って現預金は未分割財産として相続税の申告をしました。加えて母の遺志をくみ、残余財産については、全体財産の配分を考慮して改めて全員で遺産分割協議を行いました。

なお、別の対策方法として、長男、二男が遺贈の放棄をし、その上で、あらためて長男、二男、長女による遺産分割協議を行うということもできます。

結果は同じですが、母の遺志をくみながら、すべての財産について一度で分割協議ができることは兄弟3人の仲を保つ上でも有効な方法でしょう。

この事例では、改めて全員の協議によって、不動産は遺言書に指定された者が相続し、現預金については、長女が6,000万円、残余は長男と二男が均等に相続することになりました。

(3) 留意点及び課題点

このケースから、遺言書においては、すべての財産を網羅することの重要性がわかります。また、付言事項に「なぜそのような遺産分割を望むか」等を具体的に記載しておくのもよいでしょう。また、遺言執行者の選任と遺留分への配慮も必要です。

(4) 遺言書

〈付言事項〉
　遺言者は、この遺言をするにあたり、下記のことを付言する。
記
「私は、3人の素直なよい子供たちに恵まれて、幸せな人生を送ることができたと心から感謝してます。
　長男△△は、祖先祭礼の主宰者としていつまでも事業を継続し、土地、建物を大切にしてください。
　二男××も土地、建物をいつまでも大切にして下さい。
　また、これまで老母○○を孝養してくれたことを心から感謝しています。
　これからも姉と共に兄弟3人仲良く暮らしてくれることを心から念じています。よい人生を本当にありがとう。」

(5) 税額試算

遺言による期限内申告：一部分割・一部未分割

(単位：万円)

	長男	二男	長女（注）	合計
土　地　①	9,000	—	—	9,000
土　地　②	—	8,500	—	8,500
建　物　①	1,000	—	—	1,000
建　物　②	—	1,500	—	1,500
現　預　金	0	0	10,000	10,000
課 税 価 格	10,000	10,000	10,000	30,000
基 礎 控 除 額	4,800			4,800
相 続 税 の 総 額	5,460			5,460
各人の算出税額	1,820	1,820	1,820	5,460
相 続 税 額	1,820	1,820	1,820	5,460

（注）一部未分割の場合の相続分は、「穴埋め方式」によって長女の取得財産の額を計算することとされています。

◆「穴埋め方式」による各人に割り当てる未分割財産の価額の計算

各人に割り当てる未分割財産の価額は、相続財産の総額に法定相続分の割合を乗じた価額から分割済財産の価額を控除した価額となります。

長男　30,000万円 × $\frac{1}{3}$ − 10,000万円 = 0

二男　30,000万円 × $\frac{1}{3}$ − 10,000万円 = 0

長女　30,000万円 × $\frac{1}{3}$ − 0 = 10,000万円

◆分割協議が調った後の相続税の計算

（単位：万円）

	長男	二男	長女	合計
土地　①	9,000	−	−	9,000
土地　②	−	8,500	−	8,500
建物　①	1,000	−	−	1,000
建物　②	−	1,500	−	1,500
現預金	2,000	2,000	6,000	10,000
課税価格	12,000	12,000	6,000	30,000
基礎控除額		4,800		4,800
相続税の総額		5,460		5,460
各人の算出税額	2,184	2,184	1,092	5,460
相続税額	2,184	2,184	1,092	5,460

　長女は、当初申告よりも遺産分割によって取得した財産が少ないことから、相続税が過大になっています。その場合、過大となった相続税の還付を受けようと考える場合には、「更正の請求」を行うことができます。その期限は、遺産分割が行われた日の翌日から4か月以内とされています。一方、長男・二男は相続税額が増えることから「修正申告」をすることができるとされています。

　いずれの行為も「することができる」と規定されているため、長女が更正の請求をしなかった場合は、長男・二男は修正申告をしなくても税務署から決定を受けて追加の相続税を支払う必要はありません。

第3章●状況と要望にあわせた遺言書作成の具体例

前妻の子への遺留分対策を考慮して遺言書を作成したケース

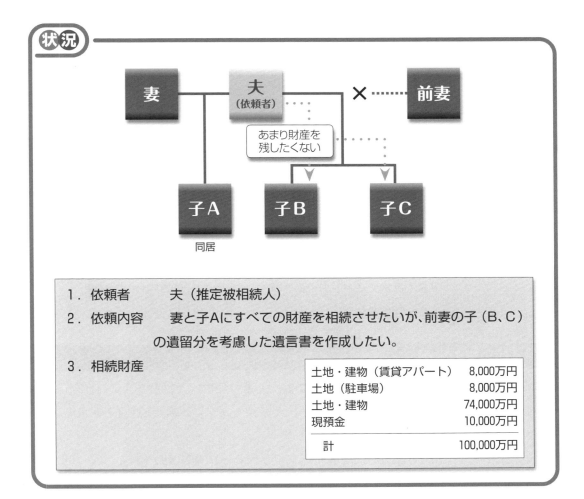

1. 依頼者　　　夫（推定被相続人）
2. 依頼内容　　妻と子Aにすべての財産を相続させたいが、前妻の子（B、C）の遺留分を考慮した遺言書を作成したい。
3. 相続財産

土地・建物（賃貸アパート）	8,000万円
土地（駐車場）	8,000万円
土地・建物	74,000万円
現預金	10,000万円
計	100,000万円

(1) 法定相続人

夫の相続人は、同居している現在の妻とその間の子A、別居していますが、前妻との間の子（B、C）も相続人となります。したがって、妻の法定相続分は$\frac{1}{2}$、その他の子A、B、Cは各$\frac{1}{6}$となります。遺留分は妻が$\frac{1}{4}$で、その他の子A、B、Cは各$\frac{1}{12}$となり、それぞれの子の遺留分の額は100,000万円×$\frac{1}{12}$で約8,000万円となります。

(2) 遺言書を作成

依頼者の夫の意向としては、同居している子Aにできるだけたくさんの財産を相続させたいと考えていますが、遺産分割になると、前妻の子（B、C）にも法定相続分があるため、もめるであろうと考え、遺言書を作成しておくことにしました。

(3) 対策

同居している妻と子Aにすべての財産を相続させる内容にすると、子Bと子Cから遺留分減殺請求を受ける恐れがあるため、遺留分を考慮した内容で作成しました。

遺言内容

妻　：現預金	10,000万円
子A：その他すべての土地建物	74,000万円
子B：賃貸アパートの土地建物	8,000万円
子C：駐車場敷地	8,000万円

(4) 遺言書の種類

このケースでは、秘密証書遺言を採用しました。その理由は、将来、遺言内容を見直すことを想定していたためで、不動産のウェイトが9割と高く、公正証書遺言を採用すると、毎回、手続きも煩雑で費用も高額になるからです。

遺言書の作成後は、子Bと子Cに現金贈与を行う代わりに遺留分放棄をしてもらうよう持ちかけようと考えています。したがって、遺留分放棄の許可を受けた後には、(3)の遺言書を書き換える必要があります。

(5) 税額試算

◆遺言書による場合
(単位：万円)

	妻	子A	子B	子C	合計
賃貸アパート	−	−	8,000	−	8,000
駐車場	−	−	−	8,000	8,000
土地・建物	−	74,000	−	−	74,000
現預金	10,000	−	−	−	10,000
課税価格	10,000	74,000	8,000	8,000	100,000
基礎控除額		5,400			5,400
相続税の総額		33,269			33,269
各人の算出税額	3,327	24,619	2,662	2,661	33,269
配偶者の税額軽減	△3,327	−	−	−	△3,327
相続税額	0	24,619	2,662	2,661	29,942

　妻の法定相続分（5億円）に足りるように、子Aが相続する財産の一部を減額すると、子Aの相続税は11,311万円となります。（母の相続税は配偶者の税額軽減によって0円のままです。）

　しかし、妻が死亡した場合の相続人は子Aだけとなり、妻固有の財産がないものとしても相続税は19,000万円（遺言書どおりの場合には1,220万円）となります。

　その結果、第一次相続（夫の相続）と第二次相続（妻の相続）の通算相続税を計算すると遺言書どおりの相続のほうが相続税の負担は少なくなります。

◆妻と子Aの相続税
(単位：万円)

	遺言書どおり		妻が法定相続分相続
	妻	子A	子A
夫の相続	0	24,619	11,311
妻の相続	−	1,220	19,000
合計	0	25,839	30,311

(6) 留意点と課題

　妻が夫より先に他界した場合、子B、子Cの遺留分は各$\frac{1}{6}$になり、現時点の各$\frac{1}{12}$より大きくなるため、できるだけ早く遺留分放棄をしてもらうことが望ましいと考えられます。

(7) 遺言書

遺言書

　遺言者 父 は、この遺言書により次のとおり遺言する。
１．遺言者は、別紙財産目録１記載の預金及び貯金を妻△△○○に相続させる。ただし、妻△△○○が既に死亡している場合は、子△△Ａ郎に相続させる。
２．遺言者は、別紙物件目録２記載の不動産を子××Ｂ太に相続させる。
３．遺言者は、以下の財産を子△△Ａ郎に相続させる。
　（１）別紙物件目録３の不動産
　（２）本遺言書に記載されていない不動産、有価証券、動産類その他の残余財産
４．遺言者は、別紙物件目録４記載の不動産を子××Ｃ太に相続させる。
５．遺言者は、上記以外の現金、預金及び貯金については、妻△△○○と子△△Ａ郎に均分に相続させる。
６．遺言者の不動産に付随する敷金・保証金および借入金の弁済義務は、別紙物件目録に基づいてその不動産を取得した者に承継させる。
７．遺言者の本遺言書に記載されていない債務の弁済義務は、子△△Ａ郎に承継させる。
８．遺言者は、下記のとおり遺言執行者を指定する。ただし、遺言執行者は、第三者にその任務を行わせることができるものとする。
（遺言執行者）
　住所○○市○○区○○町４番６号
　氏名　子△△Ａ郎

第3章●状況と要望にあわせた遺言書作成の具体例

事業承継の必要性を感じているが後継者を決めかねているケース

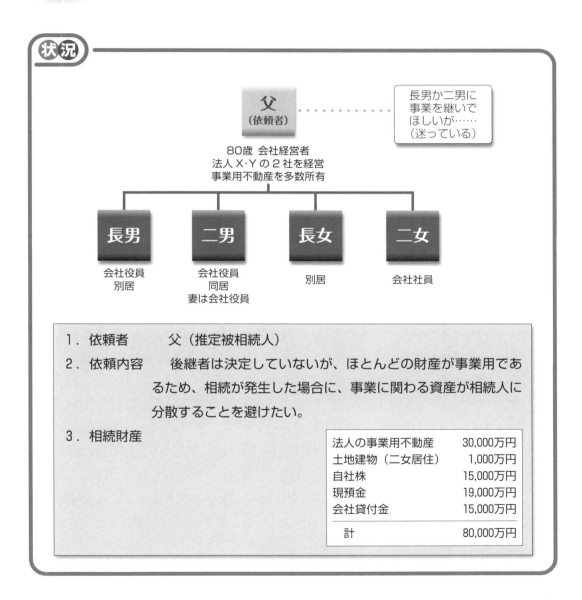

(1) 法定相続人

父の相続人は、子4人です。したがって、法定相続分は各$\frac{1}{4}$となります。遺留分はその半分ですので、各$\frac{1}{8}$となり、それぞれの子の遺留分の額は1億円となります。

(2) 遺言書を作成

長男、二男は父とともに会社役員として経営に参画してはいるものの、2人とも社長である父と折り合いが悪く、父としてはどちらに継がせるかと迷っている状況です。ほとんどの財産が、自社株や法人の事業用不動産などであるため、相続により長女や二女にこれらが分散して、換金化を要求されると経営が困難になります。そのような事態は避けたいという思いで、長男と二男に相続させる旨の遺言書の作成に踏み切りました。

また、父は過去に遺言書を作成したかどうかよく覚えていない、ということでしたので、遺言書の第1条において過去のすべての遺言を撤回する旨の記載をすることとしました。

(3) 遺言書の種類

秘密証書遺言を選択しました。その理由は、**ケース13**と同様に、書き直すことを想定しているためです。父の意向としては、長男と二男に事業用不動産、自社株、会社貸付金を相続させたいのですが、どちらにどの財産を渡すかを決めかねている状況です。しかし、このままでは長女と二女にも法定相続分があるため、これらの事業用財産を分割せざるを得ない状況が想定されます。したがって、「事業用不動産、自社株、会社貸付金と納税資金用の現預金1億円を長男、二男に相続させる」との内容で秘密証書遺言を作成し、相続が発生した際に長女、二女に手出しができないようにしました。

この状態で父に相続が発生した場合、長男と二男の間で分割協議を行い、事業用不動産、自社株、会社貸付金と現預金1億円の分け方を決定することになります。もちろん、長女と二女には遺留分の減殺請求権を行使されるかもしれませんが、できれば生前に現金贈与を行って、遺留分放棄を実行したいという意向を父は持っています。二女には、二女が居住している土地建物と現金4,000万円を、長女には現金5,000万円を渡すことで遺留分放棄を持ちかけるタイミングを見計らっている状況です。したがって、現時点では、遺留分を考慮していないことを承知の上で、作成しています。

(4) 遺言書

遺言者　父は次のとおり遺言する。

第１条　遺言者は、これまでに作成した遺言書による遺言について、すべてを撤回し次条以下のとおり遺言する。

第２条　遺言者は、相続開始時に遺言者が所有する不動産のすべてを長男○○（昭和○○年○月○日生・住所大阪市○○区○○５丁目５番４号）と二男・△△（昭和○○年○月○日生・住所大阪市○○区○○１番１１号）に相続させる。なお、その分割割合については同人らの協議によるものとする。

第３条　遺言者は、相続開始時に遺言者が有する○○株式会社（本店所在地・大阪市○○区○○１番１１号）の株式、当該会社に対する貸付金およびその他すべての債権を前記長男○○と二男△△に相続させる。なお、その分割割合については同人らの協議によるものとする。

第４条　遺言者は、相続開始時に遺言者が有する現預金、上場株式、投資信託などの金融資産のうち時価１億円分を、前記長男○○と二男△△に相続させる。なお、その分割割合については同人らの協議によるものとする。

第５条　　　：

(5) 税額式算

◆遺言書による場合

(単位：万円)

	長男	二男	長女	二女	合計
事業用不動産	15,000	15,000	—	—	30,000
土 地 建 物	—	—	—	1,000	1,000
自 社 株	7,500	7,500	—	—	15,000
現 預 金	5,000	5,000	5,000	4,000	19,000
会 社 貸 付 金	7,500	7,500	—	—	15,000
課 税 価 格	35,000	35,000	5,000	5,000	80,000
基 礎 控 除 額	5,400				5,400
相続税の総額	23,040				23,040
各人の算出税額	10,080	10,080	1,440	1,440	23,040
相 続 税 額	10,080	10,080	1,440	1,440	23,040

※　長男と二男の相続する財産はそれぞれ均分に相続すると仮定して計算しています。

この設例の場合、長女及び二女は遺留分の侵害があることから、遺留分の減殺請求を行う可能性が考えられます。また、長男及び二男は相続した現預金だけでは相続税の納税ができません。会社貸付金が現金で回収可能であれば納税資金はなんとか間に合うことになります。

(6) 留意点と課題

遺言書を作成した当初、想定していなかったのですが、長男が離婚して子の親権も失ってしまう状況になりました。それからというもの長男は元気が無く、自殺すると言い出す始末です。もし、長男や二男が父より先に亡くなってしまうようなことがあると、遺言書の文中の第2条から第4条が無効になります。したがって、長男や二男に、先に相続が発生した場合を想定した、補充遺贈を書き加える必要があると考えております。

(参考)

「相続させる」旨の遺言は、推定相続人が遺言者の死亡以前に死亡した場合、当該推定相続人の代襲者その他の者に遺産を相続させる旨の意思を有していたと見るべき特段の事情のない限り、その効力を生ずることなく、代襲者には相続されないという最高裁判決(平成23年2月22日)があります。

この判決から判断すると、上記のケースでは、第2条から第4条の推定相続人の長男もしくは二男の一方が父より先に死亡していた場合、当該死亡者についてのこれらの条文は無効となり、代襲相続されません。ただし、それに関わらない部分の条文の遺言は有効です。

もし、一方でも先に死亡している場合は、「長男もしくは二男の子に代襲相続させる」等といった補充遺贈の加筆が当然必要になり、その記載があれば有効となります。

■ 編著者紹介

101会（いちまるいちかい）
　山本和義氏が主宰する、税務事例の分析や税理士業務の研鑽を目的とした税理士有志のグループです。

税理士・行政書士・CFP
山本　和義（やまもと　かずよし）

昭和27年	大阪に生まれる
昭和50年	関西大学卒業後会計事務所勤務を経て
昭和57年	山本和義税理士事務所開業
昭和60年	株式会社FP総合研究所設立・代表取締役に就任
平成16年	税理士法人FP総合研究所設立・代表社員に就任
平成29年	税理士法人ファミリィ設立・代表社員に就任
著　書	『相続税の物納制度が大改正！上場株式等の相続と有利な物納選択』（共著・清文社）
	『タイムリミットで考える相続税対策実践ハンドブック』（清文社）
	『立場で異なる自社株評価と相続対策』（清文社）
	『税理士のための相続税の申告実務の進め方』（清文社）
	『これならできる！物納による相続税の納税対策』（清文社）
	『どこをどうみる相続税調査』（共著・清文社）
	『大切なひとの安心を支える相続手続ハンドブック』（共著・実務出版）
	『遺産分割と相続発生後の対策』（共著・大蔵財務協会）
	『相続財産がないことの確認』（共著・TKC出版）
	『相続税の申告と書面添付』（共著・TKC出版）
	『税理士の相続業務強化マニュアル』（中央経済社）ほか
備　考	資産運用・土地の有効利用並びに相続対策、節税対策等を中心に、各種の講演会・研修会を企画運営、並びに講師として活動。また、資産税に関する研修会、個人所得・経営に関する研修会を毎月、定期的に開催しています。

税理士
　加藤　芳樹（かとう・よしき）
税理士・行政書士
　桐元　久佳（きりもと　ひさよし）
税理士
　髙津　拓也（こうつ　たくや）
税理士
　永井　博之（ながい　ひろゆき）

税理士
　中原　雄一（なかはら　ゆういち）
税理士
　藤井　敦（ふじい　あつし）
税理士
　宮崎　知行（みやざき　ともゆき）

■ 編集協力者紹介

弁護士
　荒井　俊且（あらい　としかつ）

税理士のための遺言書活用と遺産分割テクニック

2018年6月11日　発行

編著者	101会 ⓒ
発行者	小泉　定裕
発行所	株式会社 清文社 東京都千代田区内神田1-6-6（MIFビル）〒101-0047　電話03(6273)7946　FAX03(3518)0299 大阪市北区天神橋2丁目北2-6（大和南森町ビル）〒530-0041　電話06(6135)4050　FAX06(6135)4059 URL http://www.skattsei.co.jp/

印刷：大村印刷

■著作権法により無断複写複製は禁止されています。落丁本・乱丁本はお取り替えします。
■本書の内容に関するお問い合わせは編集部までFAX（06-6135-4056）でお願いします。
■本書の追録情報等は、当社ホームページ（http://www.skattsei.co.jp）をご覧ください。

ISBN978-4-433-62438-5

九訂版 図解&イラスト
中小企業の事業承継
1代限定で実質免税となる10年間限定の特例スタート！

税理士 牧口晴一／名古屋商科大学大学院教授 齋藤孝一 著

「親族への承継」「従業員への承継」「M&A」に「信託」を加えた事業承継の方法を軸に、財産権及び経営権承継のための基礎から応用までの具体策を徹底解説。見落としがちなポイントや高度なテクニックまでわかりやすく解説。■A5判544頁/定価：本体 2,800円+税

第9版 Q&A 事業承継をめぐる
非上場株式の評価と相続対策

デロイト トーマツ税理士法人 編

非上場株式における相続対策、事業承継対策を網羅的に解説。規定がない非上場株式の評価方法をはじめ、民法や相続税法等、事業承継等の制度面も基礎からわかるように編集。　■A5判612頁/定価：本体 3,600円+税

平成30年3月改訂　これだけはおさえておきたい
相続税の実務Q&A

税理士 笹岡宏保 著

「民法相続編」「相続税申告編」「相続税対策（事前・事後対策）編」の3章構成で、実務上、重要な項目を網羅し、幅広いレベルで解説。「相続税申告編」では、相続税・贈与税の解説はもちろん、申告上必要な財産評価についても詳解。
■B5判788頁/定価：本体 5,000円+税

相続税の物納制度が大改正！
上場株式等の相続と有利な物納選択

税理士 山本和義／税理士 水品志麻 著

上場株式の相続に関する基礎事項から、相続後に譲渡した際の課税関係、物納の場合の具体的な手続や申請時の留意点などを解説。設例を交えて、物納成功のための必要知識をコンパクトに収録。
■A5判164頁/定価：本体 2,000円+税

データベース税務問答集
税navi
zei-navigation

年間利用料 18,000円+税

各税目の実務取扱いを解説した税務問答集の内容すべてをデータベース化。横断的な検索機能、読みやすいレイアウトでの表示や印刷機能を備えたオンラインツールです。

お申込み、お問い合わせは清文社HPへ → http://www.skattsei.co.jp